FILOSOFIAS AFRICANAS

NEi LOPES
LUiZ ANTONiO SiMAS

FiLOSOFiAS AFRiCANAS

uma introdução

11ª edição

Rio de Janeiro | 2024

Copyright © Nei Lopes e Luiz Antonio Simas, 2020

CIP-BRASIL. CATALOGAÇÃO NA PUBLICAÇÃO
SINDICATO NACIONAL DOS EDITORES DE LIVROS, RJ

L854f
11ª ed.

Lopes, Nei, 1942-
Filosofias africanas: uma introdução / Nei Lopes, Luiz Antonio Simas. – 11ª ed. – Rio de Janeiro: Civilização Brasileira, 2024.

ISBN 978-65-580-2003-5

1. Cultura africana. 2. Filosofia africana. I. Simas, Luiz Antonio. II. Título.

20-66690

CDD: 305.896
CDU: 39:130.2(6)

Camila Donis Hartmann – Bibliotecária – CRB-7/6472

Todos os direitos reservados. Proibida a reprodução, o armazenamento ou a transmissão de partes deste livro, através de quaisquer meios, sem prévia autorização por escrito.

Texto revisado segundo o novo Acordo Ortográfico da Língua Portuguesa.

Direitos desta edição adquiridos pela
EDITORA CIVILIZAÇÃO BRASILEIRA
Um selo da
EDITORA JOSÉ OLYMPIO LTDA.
Rua Argentina, 171 – Rio de Janeiro, RJ – 20921-380 – Tel.: (21) 2585-2000.

Impresso no Brasil.

Seja um leitor preferencial Record.
Cadastre-se no site www.record.com.br
e receba informações sobre nossos
lançamentos e nossas promoções.

Atendimento e venda direta ao leitor:
sac@record.com.br

SUMÁRIO

Mapas da África — 7
Prefácio — 9
Introdução — 15

1. Generalidades — 17
2. O Universo e a ilusão do tempo — 23
3. A Força Vital — 27
4. O ser humano — 31
   Múntu: o ser humano Banto — 33
   A morte — 35
   Corpo, espírito e nome: outras visões — 36
   A aposição do nome — 37
5. Verbo, a palavra atuante — 41
   A palavra falada — 41
   A palavra atuante — 43
6. O saber — 45
   A inteligência — 47

7. Filosofia e religião	49
8. Matrizes e peculiaridades do pensamento africano	53
Kemet e Maat	53
O "Livro dos mortos"	62
9. Unidade na diversidade	63
Iorubá	63
Akan	76
Kongo	81
Dogon	86
Bambara	90
Diola	93
Fang	97
Mandinka	99
Makonde	101
Igbo	103
10. Conclusão: a sabedoria das árvores	105
Anexos	107
A sabedoria dos provérbios	108
Notas sobre alguns pensadores africanos e afrodescendentes contemporâneos	124
Glossário	131
Referências bibliográficas	137

Países do continente africano

Regiões geográficas da África

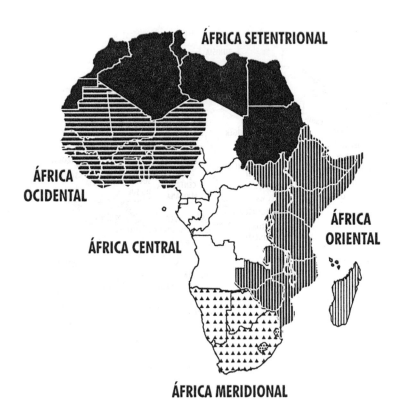

PREFÁCIO

Lara Sayão*

Ninguém dança sozinho! Dança com, dança para, dança junto...
Dança é encantamento, é resistência, é movimento de dentro
anunciado no corpo, esse parceiro que nos permite dizer quem
somos. Dança é expressão de que há algo vibrando, sendo.
O viver é um dançar tão bonito. Embalado por uma música
sentida, mas não tocada por nós. Por isso, misteriosa. E nos
cabe dançá-la livremente, abraçando os que entram na roda,
acolhendo seus ritmos, inventando passos. E ela, assim, vai
ficando ainda mais bonita.

Certa tarde, na vida que dança ou na dança que vive, ouvi
um tambor, segui seu chamado e fui encantada. O encanto
veio das letras que brotam das pedrinhas miudinhas, que
constituem o chão de um viver atento, vibrante, agradecido,
que sabe ouvir o que é e o que já foi, que sabe agradecer os que já
viveram e que, por isso, ainda vivem. O encanto veio das pala-

---

* Doutora em Filosofia pela Universidade Estadual do Rio de Janeiro (Uerj).

FILOSOFIAS AFRICANAS: UMA INTRODUÇÃO

vras atuantes que geram vida porque tocam pessoas. Palavras parideiras de pensamentos bagunceiros, daqueles que viram a casa de cabeça pra baixo fazendo aparecer a joia perdida... as coisas não pensadas e não sentidas antes deles. Que bom que ouvi o tambor e segui seu chamado. Que bagunça boa virou minha cabeça depois daquela tarde. Que barulho bom as pedrinhas fazem ao rolar.

Somos centelhas breves que alumiam à sua medida, a seu tempo, nessa grande luz que é a história. Fazemos parte do Todo, sem conhecê-Lo. É preciso humildade. Não o saberemos, resta-nos compor, alumiar e se deixar alumiar. Nesse pedaço da dança que me coube, herdei as certezas do pensamento ocidental, eurocentrado, que privilegia saberes, excluindo tons outros, elege o cientificismo academicista como fonte do conhecimento e da verdade sobre o Todo. Justo o Todo, que nunca será conhecido. Uma tradição que se autointitula dona do que não tem dono. Do que é livre e dançante. Pois é, ao querer aprisionar o que anda solto, a tradição ocidental foi perdendo a dança e com ela, a música, o Ser. Reduziu à técnica o que é experiência: preferiu o conhecimento em detrimento da sabedoria, e mal sabe ela que ambos são parceiros no baile da existência. Em vez de dançar escolheu a produção de teses sobre a dança, laureando coreógrafos. Mas o batuque é intenso e forte, potente, saborosamente doído, toca e, no seu tempo, se faz ouvir. Não exige exclusividade porque se sabe parte da melodia. Sabe que é um dos saberes da comunidade humana, não quer ser o único, muito menos o melhor.

O pensamento ocidental perdeu a noção de comunidade nessa corrida louca por títulos que denominamos conhecimen-

PREFÁCIO

to. Ao engordar currículos, sucumbem anoréxicas as relações. Caminhamos a passos largos para longe da sabedoria, parindo enlouquecidamente diplomados que não sabem conviver.

E o tambor toca, doído, nos lembrando do que esquecemos. Mas a ele não chamamos Filosofia. Ela é branca, grega, francesa ou alemã. Não muito mais que isso. E deixe quieto. Nada de muito alvoroço que é para não bagunçar as ideias. Há uma lógica, a aristotélica, que já deu conta do raciocínio correto e afasta os enganos. Mas o que é mesmo essa tal Filosofia? Um edifício conceitual pensado nas montanhas geladas, em gabinetes escuros? Um saber enciclopédico para poucos eleitos? Um crivo para selecionar as inteligências superiores? Não, tudo isso é traição à Filosofia.

Amor à sabedoria remete à busca por um pensar mais profundo sobre o que se pensa, uma busca amorosa pelo sentido, fundamentado na compreensão do mundo, do outro, do ser. Um amor que, ao tocar o amante, o movimenta a um viver não arbitrário, antes dialógico. O que busca esse amor? Busca a sabedoria, aquela que samba alegre, rodopia, parceira do conhecimento, mas que dança com outros também, nos tantos movimentos do viver. Essa bonita que encanta e apaixona, que se esconde e se faz amar, mas não se deixa presa, nem se conquista fácil. Ela adora um tambor, gira feliz. Chama o mistério para a roda, para o samba, para a gira, não desconfia dele como o cientificismo, aquele carrancudo que não sabe dançar.

Se a Filosofia é um amor, é um movimento, um sair de si, uma viagem, um caminhar, é, pois, um ponto de encantaria, é um encantamento. Não pode conquistá-la quem não sai do lugar. Quem não está aberto às suas andanças, quem não acompanha sua liberdade, quem não dá os passos, e são muitos, à sua procura. Se a Filosofia é um desejo, um precisar, somos desejantes da sabedoria, não seus possuidores. Que bonita a condição daquele que deseja e cuida, sabendo não ser dono. Que bonito é o filosofar, justamente porque é a declaração não da posse, mas da paixão, do amor, da busca.

A comunidade humana não precisa de mais livros ou teses, está necessitada de sabedoria para se entender comunidade, para restaurar a força vital da qual, pela inteligência, é guardiã. A aridez do cientificismo nos afastou do mundo, conhecedores não se entendem guardiões, cuidadores e amantes. Já temos muitos doutores, estamos carentes de amores. Nós nos colocamos fora, pelo conhecimento, como aqueles que observam, e, pela sabedoria, havemos de retornar para a roda como aqueles que amam.

Somos porque somos juntos. A natureza, os seres espirituais, os outros humanos, somos!

O *thaumatsen* grego (o maravilhar-se, o encantar-se) é o motor que fez Tales de Mileto querer entender a *arché*, o princípio substancial, e, dialogando com o que percebia e sentia, propor suas ideias para a comunidade. O *thaumatsen* é encantamento, movimento, experiência, relação do ser que pensa o mundo, no mundo e com o mundo. Essa relação não é propriedade de ninguém, está a saltitar pelo universo, provocando a todos os atentos. Não tem nacionalidade nem paradeiro, é peregrina.

Não se trata de reivindicar aos africanos pensamentos gregos ou alemães, similitudes ou parentesco, trata-se de trazer todo mundo para roda e para dançar juntos. O bonito da Filosofia

PREFÁCIO

em sua historicidade é a sensação de um grande diálogo com muitos que nos antecederam e que foram questionados pelo viver e a ele responderam como puderam. Não é bonita quando se reduz a reprodução dogmática de conceitos. E, sinceramente, acho que ela mesma não fica feliz com isso. Não existe Filosofia sem o viver dançante, sem a tensão do existir. Por isso não é de um só jeito, não é de um só povo, de um só momento da história, só dos adultos, nem só dos letrados. É antropocêntrica, porque só se dá na vida humana, nas relações do humano com tudo mais. Mesmo a metafísica, é metafísica da existência porque é o existente que pensa o que contempla. E é tão bonito entender isso. É tão bonito afastar o medo de existir, de ser, de sentir, de dançar.

E o tambor toca. Sabe que sua hora chegou, soube esperar. É hora do reencantamento do mundo. A leitura dessas impressões são um convite a ouvir, a dançar, a se reencantar, a amar a sabedoria, a filosofar. Ainda bem que eu ouvi o tambor naquela tarde.

INTRODUÇÃO

Nosso objetivo, com este pequeno livro, não é afirmar a existência de uma "filosofia africana", no sentido polemizado por filósofos como Kwame Anthony Appiah e outros. Nossa finalidade é apontar e salientar a presença, no saber africano tradicional, anterior ao colonialismo europeu, de uma estrutura de pensamento homogênea, que fundamenta práticas e ações transplantadas para o Brasil e as Américas, as quais até hoje influenciam, redimensionadas pelas circularidades culturais e as encruzilhadas diaspóricas, o cotidiano de comunidades afrodescendentes e eventuais agregados. Para tanto, reunimos aqui exemplos colhidos por cientistas e estudiosos, antigos e contemporâneos, estrangeiros e africanos interpretando-os segundo nossos objetivos e convicções.

Com eles, procuraremos lembrar que a compreensão da cultura africana deve começar, de uma vez por todas, com o descarte da noção de que, em todos os aspectos, a Europa é a mestra e a África, a discípula. Este é o ponto central do nosso

FILOSOFIAS AFRICANAS: UMA INTRODUÇÃO

argumento: denunciar o imperialismo da tradição intelectual e a sua obra epistemicida – que extermina saberes e tecnologias – buscando afirmar uma "fala" africana, na contramão dos teóricos em geral, que tendem frequentemente a generalizar a partir de uma base eurocêntrica. Dessa forma, procuraremos demonstrar a existência de um conceito africano de pensamento, baseado nas concepções filosóficas da tradição africana.[1]

Partimos ainda da premissa de que o racismo herdado do colonialismo se manifesta explicitamente – e com mais furor – a partir de características físicas, mas não apenas aí. A discriminação também se estabelece a partir da inferiorização dos bens simbólicos daqueles a quem o colonialismo tenta submeter: crenças, danças, comidas, visões de mundo, formas de celebrar a vida, enterrar os mortos e educar as crianças.

O discurso do colonizador europeu em relação aos africanos consagrou a ideia de que estes seriam naturalmente atrasados, despossuídos de História. Apenas elementos externos a eles – a ciência, o cristianismo, a democracia representativa, a economia de mercado e a escola ocidental – poderiam inseri-los naquilo que imaginamos ser a História da humanidade. É a tentativa, em suma, de impor um olhar homogêneo sobre o mundo.

É na contramão dessa ideia, e convencidos da complexidade, sofisticação e profundidade do pensamento africano e das perspectivas de mundo que ele sugere, que este livro se insere.

---

1. Molefi Kete Asante, *The Afrocentric Idea* [A ideia afrocêntrica], p. 71.

1. GENERALIDADES

O que entendemos como Universo? Para os fins deste livro, Universo é o conjunto de tudo aquilo que existe, na terra, no mar, no espaço e além dele; organizado em um sistema de forças comunicantes entre si. Mencionamos como "espaço" a vasta extensão que transcende a atmosfera e onde estão os infinitos corpos celestes.

As filosofias conhecidas na tradição africana, como escreveu o antropólogo belga Jacques Maquet, têm em comum a particularidade de entenderem o Universo não como uma entidade estável, fixada no ser, mas como um organismo em constante transformação e crescimento. Assim, alguns povos, como os Dogons, da atual República do Mali, simbolizam a origem da vida universal em uma semente que faz estourar seu envoltório e passa a crescer em um movimento sem limite. Nessa analogia da semente, a forma espiralada, imagem do crescimento orgânico universalmente compreendida, é percebida também na escultura de diversos povos africanos.

A representação do Universo como um conjunto de forças em constante movimento corresponde à experiência existencial da tradição africana, em um tempo em que quase todos viviam em pequenas comunidades. Nelas, a existência e sua continuidade dependiam estreitamente de dois processos de crescimento vital: a germinação das plantas e a fecundação das mulheres. As colheitas e os filhos, sem os quais aldeias e linhagens não tinham como prosperar, só se conseguiam após o crescimento sempre misterioso das respectivas "sementes".

Assim – como assinala Maquet –, era normal que, ao representar o mundo, os africanos das mais diversas e distantes regiões vissem a transformação criadora como um de seus valores fundamentais. Também por isso, a compreensão do mundo deles tinha em comum a ideia de que todos os seres compartilhavam uma mesma energia vital; aquela que faz crescer as folhas quando chegam as chuvas; que faz crescer as crias dos animais e dos humanos.

Participando da mesma vida, os seres desenvolvem laços de profunda fraternidade: o caçador, após haver matado por necessidade o elefante, cuja carne alimentará seu grupo, deve se purificar para receber o perdão do espírito do animal; o escultor só pode abater a árvore para conseguir a madeira depois dos ritos que compensarão a desordem que ele vai causar à floresta.

Dentro desta perspectiva, conforme a boa herança africana, o indivíduo se situa no mundo não se afirmando contra o "outro" e contra aquilo que supostamente não lhe diz respeito, mas se percebendo como uma parte da Natureza, força ativa que estabeleceu e conserva a ordem natural de tudo o que existe.

GENERALIDADES

Então, para o africano, o valor supremo da existência é a Energia que percorre a rede única que conecta todos os seres do Universo. E o bem maior é captar dela o máximo de sua intensidade. Porque ela é instável; e sua diminuição pode representar incapacidade física, doenças, definhamento para os rebanhos, aridez para os campos.

Nos costumes imemoriais africanos, a mais completa expressão da energia vital é a existência intensa e generosa: a vida plena. E essa potencialidade se manifesta através de diferentes valores secundários ou intermediários que, em cada sociedade, são os objetivos concretos da ação humana: os feitos militares para os guerreiros, a opulência dos rebanhos para os pastores, a abundância das reservas nos celeiros dos agricultores, as festas generosas que confirmam o prestígio dos chefes, a beleza da criação que entusiasma os artistas.

As filosofias africanas comportam uma ética fundante. Elas não se baseiam em uma decisão divina que proíbe certas ações e as transforma em "pecados". Na praxe africana, o mal é o que prejudica os outros, o que ameaça a paz e a sobrevida do grupo. Embora esta conceituação não seja absoluta, ela pode ser vista como regra geral. No pensamento ancestral africano, o Ser Supremo, Criador do Universo, permanece muito distante. Ele não se preocupa com a ordem moral, cujos guardiões são os ancestrais, que modelam condutas e eventualmente enviam punições aos descendentes que não os respeitam.[1]

---

1. Gorges Balandier e Jacques Maquet, *Dictionnaire des Civilisations Africaines* [Dicionário das civilizações africanas], pp. 329-330.

FILOSOFIAS AFRICANAS: UMA INTRODUÇÃO

Acrescentemos a estas formulações preliminares a observação de que, assim como as línguas da África Subsaariana, ou seja, da ampla região outrora referida como "África Negra", apresentam notória unidade apesar da diversidade,[2] ousamos dizer o mesmo da concepção tradicional africana do Universo. A unidade se manifesta na noção comum sobre o fenômeno Força Vital (chamado *nguzo* entre os povos Kongo, *tumi* entre os Akan, *axé* entre os Iorubás). E a diversidade é expressa no entendimento e na extensão desse fenômeno entre cada povo.

Cabe ressaltar ainda, como destaca Honorat Aguessy, que a concepção africana de Universo interage o tempo todo com as condições telúricas (clima, estações, cheias e regime de chuvas) e, de um modo geral, ecológicas do continente; não como condicionamento do meio, mas como diálogo percebido a partir da ideia de integração entre o ser humano e sua circunstância.

Geograficamente marcado pela floresta tropical ao centro, o Saara ao norte, o deserto do Kalahari a sudoeste; as savanas que separam o deserto das florestas, e algumas terras altas; o continente africano é banhado a oeste pelo oceano Atlântico, ao norte pelo mar Mediterrâneo, a nordeste pelo mar Vermelho e a leste pelo oceano Índico.

Considerando-se que suas regiões norte e sul são marcadas por desertos, o continente tem poucos rios. Eles, todavia, são meios de comunicação fundamentais, como o Nilo, o Senegal, o Volta, o Níger, o Cuanza, o Congo, o Gâmbia, o Zambeze

---

2 Christian Merlot e Pierre Vidaud, *Unité des Langues Négro-Africaines* [Unidade das línguas negro-africanas], p. 8.

GENERALIDADES

e o Limpopo. Além disso, a África possui lagos extensos, como o Vitória, o Tanganica, o Turkana e o Niassa.

No meio da unidade estabelecida pela crença na Força Vital, ocorrem variações de acordo com a vegetação, a savana, a floresta cerrada, a hidrografia, que eventualmente justificam as modalidades de povoamento e de comunicação e os pontos de confluência e divergência do modo de pensar africano. Essa interação nos permite encontrar elos entre o pensamento dos plantadores da savana, dos caçadores das estepes, dos pastores (Nuer, Shilluk), dos habitantes das grandes florestas e da civilização dos grandes impérios (Mossi, Axânti, Iorubá, Bamun e Benim).

Essa unidade na diversidade nos permite ousar criar, a partir das interpretações de diversos autores referidos na bibliografia deste livro, uma súmula, desenvolvida nas unidades a seguir.

2. O UNIVERSO E A ILUSÃO DO TEMPO

Na visão geral que se tem das concepções tradicionais africanas, segundo teóricos que sobre elas escreveram, o Universo visível é a camada externa e concreta de um Universo invisível e vivo, constituído por forças em perpétuo movimento. No interior dessa vasta unidade cósmica, tudo está ligado, tudo é solidário; e o comportamento do ser humano em relação a si mesmo e ao mundo que o cerca é objeto de regras extremamente precisas.

A violação dessas regras pode romper o equilíbrio das forças do Universo; e esse desequilíbrio vai se manifestar por meio de diversos tipos de distúrbios. A restauração do equilíbrio só se dará mediante a conveniente e correta manipulação das forças. Somente assim será possível restabelecer a harmonia, da qual o ser humano é o guardião, por designação do Ser Supremo.

Segundo o pensamento ancestral africano, no Universo não existe "grande" nem "pequeno" e, sim, a harmonia entre coisas de tamanhos diferentes. As relações de grandeza não têm nenhum

FILOSOFIAS AFRICANAS: UMA INTRODUÇÃO

sentido porque não acrescentam nem diminuem nada. O ser humano não é absolutamente forte, porque, apesar de todas as suas máquinas, não pode impedir a terra de tremer e engolir milhares de pessoas; e jamais poderá impedir o Sol de atingir a Terra e comê-la, se um leve desequilíbrio se produzir no espaço.

O tempo, na concepção africana tradicional, é um fenômeno que se realiza em duas dimensões. A primeira é a dimensão que compreende todos os fatos que estão prestes a ocorrer, que estão ocorrendo ou acabam de ocorrer. A segunda é a dimensão que engloba todos os acontecimentos passados, que ligam o início das coisas ao presente desdobramento dos eventos no Universo. De acordo com esta ideia ancestral, o tempo flui mais pela opção existencial do ser humano do que por outros fatores. Assim, é preciso acreditar na existência simultânea do passado, do presente e do futuro; e orientar o tempo dentro da harmonia dessas três variantes. Porque o tempo linear, com horas, dias, meses e anos é também uma ilusão.[1]

Portanto, o ser humano vive em três mundos concomitantes e diferentes: o da realidade concreta, o dos valores sociais e o da autoconsciência, que não se pode exprimir. O primeiro é o mundo dos seres vivos, da natureza cósmica e dos fenômenos naturais. O segundo é o mundo dos valores que regem os processos espirituais e mentais dos humanos e suas comunidades. O terceiro é o das forças incorpóreas, inatingíveis e inexprimíveis.[2]

---

1. Christian Merlo e Pierre Viaud, *Unité des Langues Négro-Africaines* [Unidade das línguas negro-africanas], p. 8.

2. Nei Lopes, *Kitábu: o livro do saber e do espírito negro-africanos*, pp. 24-25.

O UNIVERSO E A ILUSÃO DO TEMPO

Uma história famosa ilustra essa interação entre passado, presente e futuro. Em determinada ocasião, Kanku Mussá, imperador do Mali entre 1312 e 1332, enviou uma embaixada ao rei do Yatenga, clamando pela conversão do soberano ao islamismo. O rei respondeu que qualquer decisão neste sentido só seria tomada após consulta aos seus ancestrais, para saber o que uma possível conversão geraria futuramente para o reino. Temos aí um pequeno exemplo sobre como passado, presente e futuro, misturados em uma visão de mundo em que a ancestralidade é o elo dinamizador, não são estanques ou lineares na concepção africana do tempo.

3. A FORÇA VITAL

A expressão "Força Vital", sempre presente nas teorizações sobre filosofias africanas, designa o fenômeno responsável pela vida existente no Universo visível e invisível e pela sua manutenção. Todos os seres do Universo possuem sua própria Força Vital; e ela é o valor supremo da existência. Possuir maior Força Vital é a melhor maneira de possuir felicidade e bem-estar. Da mesma forma, a morte, as doenças, as desgraças, o aborrecimento, o cansaço, todo o sofrimento, enfim, é consequência da diminuição da Força Vital, causada por um agente externo dotado de Força Vital superior. O remédio contra a morte e os sofrimentos é, portanto, reforçar a energia vital, para resistir às forças nocivas externas e afirmar a alegria da vida.

Segundo concepções imemoriais africanas, todos os seres, segundo a qualidade de sua Força Vital, integram-se em uma hierarquia. Acima de tudo está o Ser Supremo, Incriado e Preexistente. Ele é a Força por si mesma e a origem de toda a energia vital. Depois, vêm os primeiros ancestrais dos seres humanos, os fundadores dos diferentes clãs, que são os mais próximos intermediários entre os humanos e o Ser Supremo. Após esses fundadores, estão os mortos ilustres de cada grupo, por ordem de primogenitura. Eles são os elos da cadeia que transmite a Força Vital dos primeiros antepassados para os viventes. E estes, por sua vez, estão hierarquizados, de acordo com sua maior ou menor proximidade, em parentesco, com os antepassados e, consequentemente, segundo sua Força Vital.

Todo ser humano constitui uma parte viva, ativa e passiva, na cadeia das Forças Vitais, ligado, acima, aos vínculos de sua linhagem ascendente, e, sustentando abaixo de si, a linhagem de sua descendência. Seguindo-se às forças humanas, vêm as forças animais, vegetais e minerais, também hierarquizadas segundo sua energia. Todos esses elementos não humanos da natureza são prolongamentos e meios de vida daqueles a que pertencem. Como todas as forças estão interrelacionadas, exercendo interações que obedecem a leis determinadas, um ser humano pode diminuir outro em sua Força Vital. A resistência a esse tipo de ação só é obtida por meio do reforço da própria potência, recorrendo-se a outra influência vital. A Força Vital humana pode influenciar diretamente animais, vegetais ou minerais.

No pensamento original africano, um ser – seja ele espírito, seja ele vivente, atuando sobre um animal, um vegetal ou um mineral – é capaz de influenciar indiretamente outro ser. A resistência a essa ação também só é obtida pelo fortalecimento da energia vital, recorrendo-se a outras forças. Para se proteger contra a perda ou diminuição de energia vital por ação direta ou indireta de outros seres, a pessoa deve recorrer a forças que

A FORÇA VITAL

possam revigorar sua própria força individual. Tais forças são as energias das divindades e dos espíritos dos antepassados. Chega-se a elas por meio do culto ou ritual destinado a propiciar o revigoramento.

Em síntese, o ser humano tem um relacionamento com o real fundamentado na crença em uma Força Vital – que reside em cada um e na coletividade; em objetos sagrados, alimentos, elementos da natureza, práticas rituais; na sacralização dos corpos pela dança, no diálogo dos corpos com o tambor[1] – que deve ser constantemente potencializada, restituída e trocada para que não se disperse.

---

1. Luiz Antonio Simas e Luiz Rufino. *Fogo no mato: a ciência encantada das macumbas.*

4. O SER HUMANO

Na África, o pensamento tradicional situa a pessoa no centro do Universo, com o Criador afastado, distante.

Segundo Janheinz Jahn, "Ntu é o termo que designa o centro fundamental das forças, o universo energético original; ele não é em si próprio objeto de veneração. O representante mítico desse universo energético, a que chamamos 'Deus', Nya-Murunga o 'Grande Criador' Olorum, Amma, Vidye, Immane, ou qualquer outro nome, também não pode entrar em relação direta com o homem."[1] Neste sentido, a distância do criador pressupõe a centralidade da criatura e da comunidade em que ela se insere.

Fazendo essa constatação, o pastor norte-americano Robert Fisher acrescenta[2] que os africanos que compartilham essa noção veem-se, cada um, pertencendo a uma comunidade que, para

---

1. Janheinz Jahn, citado por Honorat Aguessy em "Visões e percepções tradicionais". In *Introdução à Cultura Africana*, pp. 95-136.

2. Robert Fisher, *West African Religious Traditions: Focus on the Akan of Ghana* [Tradições religiosas da África Ocidental: Akan de Gana em foco].

eles, é central, e mesmo mais importante que o indivíduo. Isso se explica porque toda criatura existe para sua comunidade. E, assim, o sentido da dança, do toque do tambor, do mito, da lenda, do provérbio, dos rituais em geral e dos artefatos, gira em torno dos seres humanos na comunidade: a família, a linhagem, a aldeia, o clã ou grupo étnico, os vivos e os antepassados. Ninguém dança sozinho, mas com a comunidade ou na presença dela; e nenhuma reflexão ou decisão nasce ou se faz, senão em conjunto.

Em um único sentido, o pensamento expresso através desses significados é humanístico, mas não como o humanismo renascentista europeu ocidental, de recorte racionalista e refratário ao que é espiritual e sobrenatural. Pertencer a uma comunidade estabelece sentido para a vida de cada indivíduo e fundamenta a ideia de tradição como elo: contamos as histórias dos nossos antepassados para a comunidade, para que um dia nossos descendentes contem as nossas histórias.

Para os povos Akan, por exemplo, todo ser humano possui em si a "centelha divina" (chamada *kra*), emanada do Ser Supremo, originador e provedor do ser humano, Nyame, Onyame ou Onyankopon. Mais ainda: toda pessoa é útil e valiosa na sua comunidade, do nascimento até a morte. Mesmo depois da morte, o valor do ser humano continua a ser respeitado, porque o morto vive na comunidade dos ancestrais. E até mesmo as divindades estão sujeitas aos interesses da comunidade humana. Se elas continuam a responder às preces e a interceder junto às forças mais altas, como deve ser, são cultuadas e recebem oferendas por parte dos humanos. Se, entretanto, falharem, cairão no esquecimento e serão aos poucos ignoradas por seus devotos.

Segundo Fisher,[3] a maior parte das cosmogonias africanas, entre elas a dos povos Akan, são centradas na condição humana. No entendimento dessas sociedades, a chama divina garante que a finalidade do ser humano seja ele próprio. A conclusão moral, portanto, é que ser humano é pertencer a uma comunidade. Tudo o mais que o Ser Supremo fez, natural ou espiritual, é para uso da sociedade humana visando ao bem coletivo.

Esse uso, todavia, é distinto do utilitarismo da concepção de natureza desenvolvida pelas reflexões das sociedades europeias, especialmente a partir do processo de revolução industrial ao longo do século XIX, que viam o mundo natural como algo a ser domado e, eventualmente, destruído, para atender aos interesses de forças produtivas e da circulação de capitais. O uso, para os africanos, é integrado e encaminha-se na dimensão de doação e restituição entre o ser humano, as forças da natureza e as espiritualidades. A destruição da natureza, nesta concepção, é inconcebível, pois dispersa força e vitalidade.

MÚNTU: O SER HUMANO BANTO

No idioma quicongo, falado com inúmeras variações pelos povos Banto do grupo Kongo, localizado no centro-oeste africano, a palavra *múntu* significa "pessoa, indivíduo, ser humano" e seu plural, *bantu*, "as pessoas", acabou por tornar-se o designativo de todo um conjunto de povos. Segundo o cientista congolês Kimbwandènde Kia Bunseki Fu-Kiau, as sociedades africanas

---

3. *Ibidem.*

FILOSOFIAS AFRICANAS: UMA INTRODUÇÃO

em geral, e as do grupo Banto em particular, entendem o ser humano como uma força, um fenômeno digno de perpétua veneração, desde a concepção até a morte física.[4] Essa, segundo ele, é uma realidade que não pode ser negada, e mais ainda após a morte, por cuja causa a realidade física se torna uma vivência espiritualmente realizada em palavras, ações, experiências, imagens, como radiante sol invisível.

Em outra imagem poética, Fu-Kiau escreve que a mulher grávida é portadora de uma "encomenda" cheia de poder e energia, a continuidade genética de antigas irradiações sob nova forma. Por isso, a comunidade espera pela "encomenda", ou seja, pela criança, o *múntu* que vai nascer.

O nascimento de um novo ser é a alvorada de um sol vivo no *ku nseke*, o mundo físico, dos vivos. Este "sol vivo", diz Fu-Kiau, dependendo da força genética que lhe for transmitida no momento da concepção, estará, ao nascer, dotado ou não do potencial de autorregeneração inato de cada ser humano, o qual constitui a Força Vital, circulando como eletricidade em todo o corpo.

Na mesma direção, John Mbiti, filósofo cristão e pastor anglicano nascido no Quênia, também ressalta que a concepção banta do mundo – referida por ele como "ontologia" – é antropocêntrica, o que significa que tudo é considerado nos termos da relação com *múntu*, o ser humano. E Mbiti enumera as "categorias", ou melhor, os componentes essenciais da visão antropocêntrica do mundo, como seguintes: a) o Ser Supremo,

---

4. Kimnwandènde K. B. Fu-Kiau, *Self-healing Power and Therapy* [Autocura, poder e terapia], pp. 7-11.

O SER HUMANO

explicação conclusiva da origem da substância do homem e de todas as coisas; b) espíritos, categoria formada por seres sobre-humanos e por humanos mortos há muito tempo; c) humanos, incluídos aí os vivos e os nascituros, que estão para nascer; d) animais, plantas e demais participantes da vida biológica; e) fenômenos e objetos não biológicos.

Para Mbiti, esta escala toma forma, ganha vida e se torna real através dos humanos que, por seus pensamentos, imprimem nela a marca da objetividade. Segundo ele, tirando de seu próprio âmago essa ideologia, que toma, de repente, valor explicativo para ele próprio, o Homem imagina a criação e a autoriza. Então, segundo o filósofo queniano – citado por Théophile Obenga, cientista congolês – a Existência não se realiza por si própria, e sim por sua relação com o ser humano.

"Em termos antropocêntricos, Deus é o criador e aquele que nutre os seres; os espíritos explicam o destino dos humanos; os animais, as plantas, os fenômenos naturais e os objetos constituem o meio onde os humanos vivem, e lhes proporcionam os meios de existir. Em caso de necessidade, os homens estabelecem uma relação mística com eles",[5] escreveu Mbiti.

A MORTE

No mundo banto, segundo Fu-Kiau, a morte de um ser humano é entendida como a chegada e o pouso de um sol vivo no

---

5. John Mbiti. *Religions et Philosophie Africaine* [Religiões e filosofia africana].

ku mpemba, o mundo espiritual dos ancestrais, a comunidade dos mortos. Para os Banto, a influência de um ser humano sobre o meio ambiente, a sociedade e seus semelhantes é muito clara, pois nada é isolado no Universo: visível ou invisível, o Sol sempre brilha e aparece ao redor do mundo; tudo se relaciona. O calor das radiações nunca morre no crepúsculo, não cessa com a morte física.

Assim, cultuando seus ancestrais, os Banto não estão prestando culto à morte e, sim, venerando a energia geneticamente fortalecida entre os mortos e os vivos; o que mantém perfeitamente viva a história biogenética da comunidade. O morto representa uma realidade física e espiritual, presente tanto no passado quanto no presente, entre os vivos no processo de moldagem da direção de nossa realidade física e espiritual e de nossa presença no futuro. Como diz um provérbio congolês, "os pássaros têm asas porque elas lhes foram passadas por outros pássaros". Eles voam porque continuam a praticar a arte de voar bem, a mesma praticada por seus ancestrais.

CORPO, ESPÍRITO E NOME: OUTRAS VISÕES

Do que foi dito anteriormente se depreende que o corpo físico, que desaparece após a morte, é uma exteriorização da riqueza interior do ser humano e o receptáculo de suas sensações. Esse corpo, segundo algumas concepções da tradição africana, vive acompanhado de uma sombra, que é sua irradiação para o exterior e que também se desvanece com a morte. Além do corpo físico, a pessoa possui uma essência espiritual e invisível que sobrevive à morte e que se faz acompanhar de um duplo.

O SER HUMANO

A APOSIÇÃO DO NOME

Complementando o conjunto de seus elementos constitutivos, o ser humano tem o seu nome. O nome o individualiza, situando-o no grupo, mostrando sua origem, sua atividade e sua realidade. Dar nome a alguém ou conhecer o seu nome íntimo equivale a descobrir sua natureza. Quem conhece o verdadeiro nome de uma pessoa pode influenciá-la e dominá-la, atuando sobre sua essência.

Para Fu-Kiau, embora a arte de dar nome a uma criança seja universal, nem todas as sociedades dão a mesma importância a esse evento, ao processo ou ao nome a ser dado. Nas sociedades ocidentais, as crianças têm geralmente três nomes: o prenome, o da família materna e o da paterna. Na África, segundo o cientista congolês, a pessoa recebe, em fases diferentes da vida, um nome informal, um formal e um iniciático.

No texto que serve de base para estas nossas considerações, Fu-Kiau expõe detalhes complexos, tomando como exemplos os processos de aposição de nomes entre os povos Banto Kongo, Luba e Lingala. Salientando que a conjunção de fatores genéticos, sociais e ambientais ocorridos no momento do nascimento influi na escolha do primeiro ou novo nome dado a um ser humano.[6]

O fato é que, na África, o ato de dar nome a uma criança é matéria de extrema importância. Um grande número de considerações influencia a escolha do nome ou nomes a serem dados. A criança nasceu de manhã ou à noite? Em que dia da semana ou de feira ela nasceu?

---

6. Kimnwandènde K. B. Fu-Kiau, *Self-Healing Power and Therapy* [Autocura, poder e terapia], pp. 10-11.

FILOSOFIAS AFRICANAS: UMA INTRODUÇÃO

Aqui cabe um parêntese sobre a importância social das feiras na África tradicional, consignando um texto citado em Verger: "A feira africana é o lugar de agrupamento ideal [...]. É na feira que o rei torna públicas suas decisões e onde suas mulheres, nas cerimônias, mostram ao povo as magníficas riquezas reais, [...] [é] na feira que se fica sabendo das novidades de outras terras, é lá que a mãe apresenta o recém-nascido [...]".[7]

A feira é uma circunstância especial relacionada ao momento do nascimento, à própria criança, a seus pais, à sua família extensa ou a sua comunidade nacional. E há outras ainda a serem levadas em conta. É ele ou ela o primeiro filho de seus pais ou o primeiro de seu sexo? São gêmeos, os nascidos? E, se assim forem, qual deles nasceu primeiro? São um menino e uma menina ou são ambos do mesmo sexo? Todas essas circunstâncias deverão ser consideradas no momento de dar nome a uma criança, pois em quase todas as sociedades africanas há nomes específicos para cada situação.[8]

Entre os Iorubás, por exemplo, quando nascem gêmeos, a primeira criança gerada recebe o nome de Taiwo; a segunda é chamada de Kehinde. Idowu é o nome dado à criança que nasce após o parto de gêmeos. A etimologia é incerta. É possível que o nome venha de *owú*, "ciúme" em Iorubá (Vivaldo da Costa Lima sugere isso no livro *O culto aos santos gêmeos no Brasil e*

---

7. Pierre Verger, *Artigos*, p. 139.

8. Keith E. Baird, "Commentary" [Comentário]. In *Names from Africa: Their Origin, Meaning, and Pronunciation* [Nomes da África: sua origem, significado e pronúncia], p. 75.

O SER HUMANO

na África). No Brasil, o irmão mais novo dos gêmeos africanos virou Doum e passou também a ser cultuado, especialmente nos terreiros de umbanda.

Uma grande parte da tradição histórica ocidental consiste em explicar os nomes, a interpretá-los etimologicamente. Já na África, muitos povos, embora tenham apenas uma vaga noção do passado, sabem que certos nomes são monopólio de um clã, que outros desde muito tempo são conferidos por ordem de nascimento e outros ainda, segundo o dia do nascimento. Segundo a antropóloga Inês De La Torre, entre os Guen-Mina (povo do oeste-africano, localizado no sul da atual República do Togo), cada membro do grupo possui três nomes. Pela simples enunciação de um desses nomes, pode-se saber precisamente a que linhagem pertence o portador dele, o dia do seu nascimento e a sua ligação a tal ou qual divindade.

Os nomes individuais desempenham um papel muito importante, pois são de certa forma o cartão de identidade da pessoa, a expressão da essência do indivíduo. Conhecer o nome de uma pessoa é também conhecer uma parte de sua vida, sua origem, sua divindade protetora, sua situação no seio de sua família; e, mais ainda, ter acesso à essência espiritual da pessoa. Por isso é que certos nomes permanecem secretos, principalmente aqueles que expressam um traço íntimo da personalidade. Os nomes atribuídos em função de sexo e dia de nascença seguem procedimentos semelhantes aos dos povos Akan.

A diversidade dos prenomes explica as diferentes origens dos subgrupos que compõem o povo Guen-Mina, já que o nome

FILOSOFIAS AFRICANAS: UMA INTRODUÇÃO

deve afirmar e consolidar o sistema de genealogias que serve como marco cronológico da história da comunidade.[9]

Estruturado, então, por esses elementos constitutivos – corpo, espírito e nome –, o ser humano, segundo os saberes da herança africana, está inserido em um contexto de relações cósmicas, ligado por laços indissolúveis a todo o Universo. Mais ainda, o ser humano é a força que liga todos os seres do Universo visível às altas forças espirituais. Por isso, ele é, ao mesmo tempo, manipulador e alvo do poder espiritual.

O fator que explica e justifica o importante papel do ser humano, segundo o pensamento africano, é a vida derivada e recebida pela fonte de "poder" e que retorna a esse poder; é possuída por ele e dele toma posse. Cada ato e cada gesto do ser humano põem em jogo as forças invisíveis da vida, que representam os múltiplos aspectos do poder de realização que, por sua vez, é, em si mesmo, um aspecto do Ser Supremo.[10]

9. Inès de La Torre, *Le Vodu en Afrique de l'ouest: rites et traditions* [Vodu na África Ocidental: ritos e tradições], pp. 49-50.

10. Nei Lopes, *Kitábu: o livro do saber e do espírito negro-africanos*, pp. 26-27.

5. VERBO, A PALAVRA ATUANTE

A PALAVRA FALADA

Na tradição africana, a palavra falada, além de seu valor fundamental, possui um caráter sagrado que se associa à sua origem divina e às forças ocultas nela depositadas. A tradição oral, que não se limita aos contos e lendas nem aos relatos míticos e históricos, é a grande escola da vida, recobrindo e englobando todos os seus aspectos. Nela, o espiritual e o material não se dissociam. Falando segundo a compreensão de cada pessoa, ela se coloca ao alcance de todos.

A tradição oral é, ao mesmo tempo, religião, conhecimento, ciência natural, aprendizado de ofício, história, divertimento e recreação. Baseada na prática e na experiência, ela se relaciona à totalidade do ser humano e, assim, contribui para criar um tipo especial de pessoa e moldar sua alma.

O conhecimento, ligado ao comportamento do ser humano e da comunidade, não é uma matéria abstrata que possa ser isolada da vida. Ele deve implicar uma visão particular do mundo e uma presença particular nesse mundo concebido como um todo, em que todas as coisas se ligam e interagem. A transmissão oral do conhecimento é o veículo do poder e da força das palavras, que permanecem sem efeito em um texto escrito. O conhecimento transmitido oralmente, pelo Verbo atuante, tem o valor de uma iniciação, que não está no nível mental da compreensão, porém na dinâmica do comportamento. Essa iniciação é baseada em reflexos que operam no raciocínio e que são induzidos por impulsos nascidos no fundamento cultural da sociedade.

Da mesma forma que, no ato da Criação, a palavra divina do Ser Supremo veio animar as forças cósmicas que se achavam estáticas, em repouso, a palavra humana anima, põe em movimento e desperta as forças que se encontram estáticas nas coisas.

À imagem da palavra do Ser Supremo, da qual é eco, a palavra humana põe em movimento forças latentes, que despertam e acionam algo, como ocorre quando um homem se ergue ou se volta ao ouvir chamar seu nome. Ela é como o fogo: pode criar a paz, assim como pode destruí-la. Uma só palavra inoportuna pode fazer estourar uma guerra, assim como uma simples fagulha pode provocar um incêndio.

A palavra é a marca distintiva da presença espiritual do ser humano sobre os elementos não humanos do Universo e sua senha diante das portas do reino invisível do Ser Supremo. E a linguagem não é apenas meio de expressão e comunicação – ela é ação. Assim, um objeto não significa o que representa, mas o que ele sugere, o que ele cria.

VERBO, A PALAVRA ATUANTE

O conhecimento transmitido oralmente, pelo Verbo atuante, deve ser passado, do mestre ao discípulo, por meio de sentenças curtas, baseadas no ritmo da respiração.

A palavra, que tira do sagrado seu poder criador e operativo, está em relação direta tanto com a manutenção quanto com a ruptura da harmonia, no ser humano e no mundo que o cerca. Ela é divinamente exata, e o homem deve ser exato com ela. Falar pouco, não desperdiçar a palavra, é sinal de boa educação e de nobreza de espírito.

Sendo agente mágico por excelência e grande transmissora de força, a palavra não pode ser usada levianamente. A mentira irresponsável, por sua vez, é uma distorção, uma tara moral. Quem falta à própria palavra mata seu eu e se afasta da sociedade. A língua que falseia a palavra vicia o sangue daquele que mente. Quando se pensa uma coisa e se diz outra, rompe-se consigo mesmo – quebra-se a união sagrada, reflexo da unidade cósmica, criando assim a desarmonia dentro e em torno de si.[1]

A PALAVRA ATUANTE

A palavra é força; e o Verbo é a expressão por excelência da força do ser em sua plenitude. Enquanto a palavra é, no sentido estrito, apenas o som produzido pelo aparelho fonador e emitido

---

1. Nei Lopes, *Kitábu: o livro do saber e do espírito negro-africanos*, pp. 30-32.

FILOSOFIAS AFRICANAS: UMA INTRODUÇÃO

através da boca, o Verbo é a palavra enquanto sopro animado, e que anima aquilo que expressa. Ela possui a virtude mágica de realizar a lei da participação. Por sua virtude intrínseca, o Verbo cria aquilo a que dá nome. Ele tem, além de poder criador, a função de preservar, destruir e recriar o mundo.

6. O SABER

O saber ancestral africano ensina – como escreveu I. A. Akinjogbin[1] sobre o povo Iorubá – que a vida não se divide em partes distintas, portanto o conhecimento não pode ser sempre aplicado ao uso prático; o que importa é a ciência da vida. O conhecimento livresco tem um valor formal e importado, enquanto o saber informal é adquirido pela experiência direta ou indireta. Assim, os conhecimentos livrescos são importantes, devem ser cultivados, mas não conferem sabedoria.

Em todos os ramos do conhecimento, a cadeia de transmissão é fundamental. Se não há transmissão regular, o que se comunica é apenas conversa e não conhecimento. Quando emitido dentro dessa cadeia, o conhecimento torna-se uma força operante e sacramental.

---

1. Isaac Adeagbo Akinjogbin, "Le Concept de pouvoir dans l'Afrique tradi tionelle: l'Aire culturelle yoruba" [O conceito de poder na África tradicional: a área cultural Iorubá]. In *Le Concept de pouvoir en Afrique* [O conceito de poder na África], pp. 9-27.

FILOSOFIAS AFRICANAS: UMA INTRODUÇÃO

Neste sentido, a tradição, para os africanos, não é estática. Ela é vista como o ato de transmitir algo para que o receptor tenha condições de colocar mais um elo em uma corrente que é dinâmica e mutável.

O ensinamento tradicional deve estar unido à experiência e integrado à vida, até porque há coisas que não podem ser explicadas, apenas experimentadas e vividas. As atividades humanas contêm sempre um caráter sagrado ou oculto, principalmente as que consistem em atuar sobre a matéria e transformá-la, já que cada coisa é um ser vivo.

Cada função artesanal deve estar ligada a um conhecimento esotérico, originado em uma revelação inicial e transmitido de geração a geração. Os gestos de cada ofício reproduzem simbolicamente o mistério da Criação primordial vinculado ao poder da palavra.

O que se aprende nas escolas, por mais útil e importante que seja, nem sempre é vivido, porém o conhecimento herdado encarna-se em todo o ser. Ninguém, todavia, se torna sábio sem sair de casa. Aquele que viaja descobre e adquire novas informações, registra as diferenças e as semelhanças, e assim alarga o âmbito de sua compreensão. Por todos os lugares por onde passa, o viajante entra em contato com a história e as tradições locais, ouve relatos e sempre permanece algum tempo junto a um transmissor qualificado.

O saber baseado no sentimento da unidade da vida e pleno de ensinamentos, ao mesmo tempo materiais e espirituais, é um bem insubstituível e a maior riqueza.

O SABER

A INTELIGÊNCIA

Segundo o sociólogo congolês Tulu Kia Mpansu Buakasa,[2] a inteligência, faculdade de compreender (além da aparência) os seres do Universo e suas conexões, é um instrumento para a vida. Algo de utilidade social prática, que deve intervir em caso de ameaça à existência para buscar a causa real dessa ameaça e os meios eficazes de alongar a vida ou restringir seu desgaste.

A inteligência deve ser vista como instrumento e precisa se afastar dos usos perigosos, nefastos, maléficos e egoístas. Por outro lado, e segundo o mesmo princípio, deve-se evitar o eruditismo, o desperdício e a especulação inútil. Assim, qualquer um que por acaso é detentor de um saber, fica "besta" ou não deixa de ser ignorante se não orienta sua inteligência ou seu saber em direção a algo útil; ao mesmo tempo que se mostra inadaptado à vida ou demonstra ingenuidade desconcertante.

Nesse sentido, a inteligência pela inteligência é semelhante ao saber livresco, ou seja, é uma simples exibição de conhecimento do ponto de vista do que se leu ou estudou, mas sem benefício nem serventia na vida, nas relações, nas situações difíceis com as quais somos confrontados pelas circunstâncias reais. A inteligência deve estar a serviço do aprimoramento da comunidade e da busca pela alegria de seus membros.

O objetivo da inteligência é então melhorar a sorte do ser humano e consolidar sua posição no Universo, mostrando-lhe

---

2. Tulu Kia Mpansu Buakasa, "Croyances et Connaissances" [Crenças e conhecimentos]. In *Racines Bantu* [Raízes banto], pp. 175-136.

as forças que convêm melhor ao seu fortalecimento ou que podem afastar os perigos que o ameaçam.

São, então, inúteis todos os conhecimentos que, no seu uso, não possam se traduzir em ação para o bem da humanidade ou ajudar a melhorar sua sorte neste mundo e no outro.

Resumindo, uma pessoa inteligente não o é somente porque efetivamente conhece uma porção de coisas, mas porque, sem dúvida, se apresenta com um grande coração, observa e pesa os pros e os contras de sua ação antes de agir; e se esforça por realizar aquilo que convém fazer.[3]

---

3. Ibidem.

7. FILOSOFIA E RELIGIÃO

No sentido mais geral, o termo *filosofia* designa a busca do conhecimento, a qual se iniciou quando os seres humanos começaram a tentar compreender o mundo por meio da razão. O termo pode também definir o conjunto de concepções, práticas ou teóricas, acerca do ser, dos seres, do homem e de seu papel no Universo. É, também, o sistema particular de diretrizes para a conduta, expresso em frases como "eu adapto minha filosofia às circunstâncias". E pode ser, ainda, o conjunto de concepções metafísicas (gerais e abstratas) sobre o mundo.

Mas aí o termo ganha o caráter de filosofia científica ou, melhor ainda, "especulativa". Nesse sentido, talvez, é que temos esta longa definição dicionarizada: "Estudo que se caracteriza pela intenção de ampliar incessantemente a compreensão da realidade, no sentido de apreendê-la na sua totalidade, quer pela busca da realidade capaz de abranger todas as outras [...], quer pela definição do instrumento capaz de apreender a realidade,

FILOSOFIAS AFRICANAS: UMA INTRODUÇÃO

o pensamento [...], tornando-se o homem tema inevitável de consideração".[1]

Já o termo Religião comporta, entre outras, as seguintes definições: "Conjunto de dogmas e práticas próprias de uma confissão religiosa" (Dicionário Houaiss); "Crença na existência de uma força ou forças sobrenaturais considerada[s] como criadora[s] do Universo e que como tal devem ser adorada[s]" (Dicionário Aurélio).

A grande crítica que se faz às tentativas de se caracterizar o pensamento tradicional africano como filosofia é a de que, na África, o pensamento tradicional, defrontado com a grande incógnita que é o Universo, seria incapaz de ir além do temor e da reverência, próprios das mentes ditas "primitivas".

São inúmeras as observações de expoentes do pensamento racionalista europeu, que negam a possibilidade de os africanos produzir filosofia.

Desqualificar as práticas simbólicas dos povos africanos, diga-se, foi moeda corrente nos séculos XVIII e XIX. Segundo Hegel, em sua obra *Filosofia da história*, "a principal característica dos negros é que sua consciência ainda não atingiu a intuição de qualquer objetividade fixa, como Deus, como leis, pelas quais o homem se encontraria com a própria vontade, e onde ele teria uma ideia geral de sua essência [...]. O negro representa [...] o homem natural, selvagem e indomável. Devemos nos livrar de toda reverência, de toda moralidade e de tudo o que chamamos

---

1. Aurélio Buarque de Holanda Ferreira, *Novo dicionário da língua portuguesa*, pp. 779-780.

FILOSOFIA E RELIGIÃO

sentimento, para realmente compreendê-lo. Neles, nada evoca a ideia do caráter humano."[2]

Já o iluminista alemão Emanuel Kant, nas *Observações sobre o sentimento do belo e do sublime*,[3] afirmava que "a pluma de um pássaro, o chifre de uma vaca, uma concha, ou qualquer outra coisa ordinária, tão logo sejam consagrados por algumas palavras, tornam-se objeto de adoração e invocação nos esconjuros. Os negros são muito vaidosos, mas à sua própria maneira, e tão matraqueadores, que se deve dispersá-los a pauladas."

Uma das primeiras contestações a essa ideia parece ter sido o texto "Philosophie et religion des noirs"[4] [Filosofia e religião dos negros], publicado em 1950. Nele, o antropólogo francês Marcel Griaule indagava se seria possível aplicar as denominações "filosofia" e "religião" à vida interior, ao sistema de mundo, às relações com o invisível e ao comportamento dos negros africanos. Perguntava-se, ainda, sobre a existência de uma filosofia negra distinta da religião e de uma religião independente, de uma metafísica.

Ao final de sua indagação, Griaule afirmava a existência de uma ontologia negro-africana, concluindo pela antiguidade do pensamento africano, nivelando algumas de suas vertentes a concepções filosóficas asiáticas e da Antiguidade greco-romana;

---

2. Georg Wilhelm Friedrich Hegel, *Filosofia da história*.

3. Immanuel Kant, *Observações sobre o sentimento do belo e do sublime*, pp. 75-76.

4. Marcel Griaule, "Philosophie et Religion des noirs" [Filosofia e religião dos negros]. In *Le monde noir* [O mundo negro].

FILOSOFIAS AFRICANAS: UMA INTRODUÇÃO

e ressaltando a necessidade e a importância do estudo desse pensamento.

Mais de meio século depois de Griaule, uma nota de rodapé na tradução brasileira do romance *O mundo se despedaça*, do escritor nigeriano Chinua Achebe, consigna: "Na África tradicional, com sua organização comunitária, não se pode falar em religião propriamente dita, pois todos os atos do dia a dia se relacionam com o conceito de força vital que anima os seres humanos: assim, o culto concerne a todos. Com a centralização do poder, quando do surgimento da Cidade-Estado ou em decorrência de rupturas internas da própria sociedade, como no caso da sociedade Igbo, surge a figura de um responsável pelo culto, sacerdote ou sacerdotisa, que não tem atributos divinos".[5]

Os "atos do dia a dia" relacionados ao conceito de Força Vital parecem, a nosso ver, expressar práticas acerca do ser, dos seres, do homem e de seu papel no Universo, como as informadas, neste livro, nas unidades que precedem estas linhas. São sabenças, conjuntos de saberes, enfim.

---

5. Chinua Achebe, *O mundo se despedaça*, p. 37.

8. MATRIZES E PECULIARIDADES DO PENSAMENTO AFRICANO

KEMET E MAAT

Antes de os gregos darem o nome "Egito" (*Aegyptos*, casa do deus Ptah), os antigos povos locais chamavam sua terra "Kemet", nome ainda não exatamente esclarecido, possivelmente significando "terra negra", em oposição a "terra vermelha", a região não fertilizada pelo rio Nilo. A polêmica sobre o significado do nome, que poderia referir a etnicidade dos habitantes – "terra dos negros" – é contestada por alguns. No entanto, a marca étnica é confirmada por Asante, que retoma as ideias do sábio senegalês Cheikh Anta Diop, "os egípcios eram africanos de pele negra".[1]

Segundo Asante, o Kemet está diretamente relacionado e ligado às antigas civilizações africanas de Cuxe (Kush), na África Oriental; Cayor, no atual Senegal; Peul ou Fula, irradiada a

---

1. Molefi Kete Asante, "Afrocentricidade: notas sobre uma posição disciplinar". In *Afrocentricidade: uma abordagem epistemológica inovadora*, p. 101.

partir do Mali; Akan, Congo e Bamun, nos Camarões.[2] É ainda
Asante quem assegura que "toda sociedade africana deve algo a
Kemet. "Afora as noções de medicina, monarquia, geometria,
calendário, literatura e arte, as sociedades africanas encontra-
ram em Kemet os mitos primordiais que orientariam seu modo
de educar os filhos, preservar os valores sociais, rememorar os
ancestrais, pintar os corpos e as casas, e cultivar a terra."[3]

No mesmo contexto, "Maat" era o nome que definia o conjunto de princípios morais e éticos orientadores da conduta, na
vida cotidiana, do povo e dos governantes de Kemet, devendo
ser seguido em todos os momentos, fosse nos âmbitos familiar,
comunitário, nacional, ambiental ou religioso.

Esse conjunto configurava um sistema filosófico tido como
a ciência da verdade, e que valorizava os princípios básicos de
verdade, ordem, equilíbrio, harmonia, justiça, retidão e recipro-
cidade, recebidos pelo faraó, segundo a tradição, diretamente
do Ser Supremo, Rá ou Amon. O grande objetivo da sociedade
kemética era a manutenção do Maat, o qual, representado ou
simbolizado na figura da deusa que lhe emprestou o nome, era
o pilar fundamental do equilíbrio da sociedade.

As normas do Maat foram criadas para satisfazer as complexas
necessidades dos antigos habitantes do Vale do Nilo, por volta do
ano 3000 a.C. Nesse tempo, no curso de grandes movimentações,
diversos povos se hostilizaram ou se misturaram e, dessa forma,
as muitas divindades foram perdendo ou ganhando importância

---

2. *Ibidem.*

3. Molefi Kete Asante e Abu S. Abarry *African Intellectual Heritage: A
Book of Sources* [Herança intelectual africana: um livro de fontes], p. 6.

MATRIZES E PECULIARIDADES DO PENSAMENTO AFRICANO

nas novas sociedades que se formavam. Assim, a confusão entre as normas reguladoras ameaçava levar o caos àquela vasta região, até que cerca de 2950 a.C., segundo as principais conclusões arqueológicas, um faraó, referido como Ahat, Menés ou Narmer, promoveu a unificação dessas populações, já reunidas em dois polos principais, governados respectivamente das localidades de Tinis, no Alto Egito, e Mênfis, no Delta do Nilo.

Nascia aí, sob a inspiração do deus Thoth, emanador da sabedoria e transmissor do conhecimento (similar ao deus Hermes dos gregos, cujo nome está ligado à Filosofia Hermética), o Estado historicamente conhecido como Egito faraônico. Nascia aí, também e principalmente, o conjunto de normas do Maat, assim denominado em referência à deusa de mesmo nome, contraparte feminina de Thoth, e que, com ele, fazia funcionar o mundo, conservando cuidadosamente as relações existentes entre os seres no Universo.

Ressalte-se que no primeiro volume da obra *Nations nègres et culture* [Nações negras e cultura], de Cheikh Anta Diop, na página 74, é apresentada a fotografia de uma cabeça esculpida do faraó Narmer, ou Menés, na qual a legenda diz o seguinte: "Ele não era seguramente nem ariano, nem indo-europeu, nem semita, mas indiscutivelmente um Negro."

Desqualificação e negação

O livro *Escritos do Antigo Egito*, de Lourdes Bacha, contém na abertura de um de seus capítulos a seguinte afirmação do egiptólogo francês Gaston Maspero (1846-1916): "Reverenciemos os egípcios pelas coisas que nos legaram; mas não

FILOSOFIAS AFRICANAS: UMA INTRODUÇÃO

podemos comparar a civilização egípcia à grega ou à romana, pois os egípcios estariam muito mais próximos à África do que à Europa. Embora eles muito nos dissessem no que se refere à Arte, Ciência e à Literatura, o que nos pode oferecer, em termos metafísicos, um povo com uma concepção tão estranha do Universo e das coisas? [...] Logo, eles eram politeístas, e seus cultos e alguns dogmas indecentes, ridículos e cruéis".[4]

Vejamos que, da mesma forma que o francês Maspero desqualificou os antigos egípcios por serem africanos, outros escritores de outrora tentaram rejeitar as origens afronegras desse importante povo, com o fim de desacreditar o papel civilizatório do continente africano. Hoje, porém, conforme assinalam Asante e Abarry,[5] quanto mais o Egito faraônico é visto como uma sociedade relevante para a civilização humana, mais as suas origens são disputadas pela hegemonia europeia.

Apesar de historiadores do século XV a XIX tentarem atribuir todas as conquistas africanas à presença dos europeus, é fora de questão, hoje, que a África, berço da Humanidade, conseguiu um desenvolvimento cultural próprio e específico. E que o Egito, no período anterior às dinastias dos faraós, se beneficiou, através das águas do Nilo, de contribuições culturais nascidas no interior do continente.

Não pretendemos afirmar com isso, como também advertem os autores anteriormente citados, que não houvesse pessoas

---

4. Gaston Maspero, citado por Lourdes Maria Silva Bacha, *Escritos do Antigo Egito*, p. 107.

5. Molefi Kete Asante e Abu S. Abarry, *African Intellectual Heritage: A Book of Sources* [Herança intelectual africana: um livro de fontes], pp. 3-5.

MATRIZES E PECULIARIDADES DO PENSAMENTO AFRICANO

brancas no antigo Egito, como as há, hoje, por exemplo, na Nigéria ou no Quênia. Mesmo porque o país foi, durante toda a Antiguidade, uma perfeita encruzilhada entre o Mediterrâneo, a Ásia Menor, o Saara e a África Profunda, sendo território por onde passaram e onde se fixaram seres humanos de diversas procedências e aparências. Entretanto, já antes de Heródoto, que afirmou a fenotipia (aparência) nitidamente africana – ou seja, negra – dos egípcios que conheceu, Aristóteles em seu livro *Physiognomonica* [Fisiognomia], fazia esta declaração importante, embora depreciativa: "Os que são excessivamente negros são covardes, e isto se aplica aos egípcios e etíopes."[6]

Segundo Cheikh Anta Diop, os egípcios pré-faraônicos eram efetivamente negros. Da mesma forma, o sábio e estudioso congolês Théophile Obenga garante que a constituição fenotípica dos antigos egípcios não sofreu modificações fundamentais do neolítico até a época histórica. Por volta do 5º milênio a.C., relata Martin Bernal,[7] a população egípcia foi incorporando elementos africanos, do Sudoeste Asiático e mediterrâneos. Entretanto, quanto mais para o sul e para o alto do Nilo se caminhava, mais a população ia ficando escura e de aparência tipicamente negro-africana.

A civilização egípcia foi, então, fundamentalmente africana e os elementos afro foram mais fortes no Antigo e no Médio

---

6. Aristóteles, citado por Molefi Kete Asante e Abu S. Abarry, *African Intellectual Heritage: A Book of Sources* [Herança intelectual africana: um livro de fontes], p. 4.

7. Martin Bernal, *Black Athena: The Afroasiatic Roots of Classical Civilization*. [Atenas negra: as raízes afro-asiáticas da civilização clássica].

Império, antes da invasão dos Hicsos. Muitas das mais poderosas dinastias egípcias tinham sua base no Alto Egito, sendo que a 1ª, a 11ª, a 12ª e a 18ª dinastias eram constituídas por faraós que, segundo Bernal, podemos considerar efetivamente negros.

No início do século XVIII, o aumento do respeito pelos egípcios, em meio ao racismo crescente motivado pelo escravismo africano, fez com que se começasse a aproximá-los do universo etnorracial europeu e fazê-los "embranquecidos". A desafricanização do Egito foi um projeto colonial fundamentado e elaborado pelo discurso da supremacia branca. Chegou até mesmo ao cinema, com o embranquecimento de faraós e de súditos e servidores.

O contexto egipto-núbio

A expressão adjetiva "egipto-núbio" foi usada por Théophile Obenga para expressar a origem comum de egípcios e núbios. Colaborador próximo de Cheikh Anta Diop, este cientista compartilhou com ele a tese segundo a qual os ancestrais dos kemitas (antigos egípcios) viveram originalmente na Núbia, provavelmente em Qustul. Ainda conforme Diop, os núbios, povos cuxitas, usaram a escrita dois séculos antes dos egípcios; é na Núbia que se encontram os animais representados na escrita hieroglífica. E todas as vezes que a nação egípcia foi ameaçada por uma invasão de populações "leucodermas" (de pele clara) provenientes da Ásia ou da Europa pelo Mediterrâneo; todas as vezes que tais invasões desorganizaram momentaneamente a vida nacional; a salvação, ou seja, a reconquista do poder político sobre o invasor estrangeiro, a reunificação e o renascimento nacional foram sempre obra das dinastias negras nascidas no sul. Isso só não ocorreu sob o reinado do faraó Psamético I.[8]

Segundo o arqueólogo Herman Junker, também citado em Obenga, "as populações pré-históricas do Egito e da Núbia representam as duas partes de um povo que tinha a mesma cultura e que só se separou mais tarde por conta de uma mudança nas condições de vida". Assim, primitivamente, a Núbia e o Egito constituíam, como conjunto étnico e civilização, uma única e mesma entidade, um só ambiente ou região cultural, como atestam Heródoto, Diodoro da Sicília, Estrabão e outros autores gregos.

Anterioridade do saber kemético

Dentro do espírito dos gregos da Antiguidade, o Egito gozava de uma sólida reputação nas ciências e no saber filosófico. E isso era ponto pacífico, como afirmou o egiptólogo M. Serge Sauneron.[9] Assim, Tales, Pitágoras, Platão e tantos outros sábios helênicos fizeram viagem de estudos ao Vale do Nilo.

A própria escola de Alexandria foi fecundada e sustentada pela tradição científica egípcia. Surgiu, então, com força, uma profunda corrente civilizatória que deu à humanidade progres-

---

8. Nei Lopes, *Dicionário da Antiguidade africana*, p. 98.

9. Serge Sauneron, citado por Théophile Obenga, *L'Afrique dans l'Antiquité: Egypte pharaonique, Afrique Noire* [*A África na Antiguidade: Egito faraônico, África negra*], p. 176.

FILOSOFIAS AFRICANAS: UMA INTRODUÇÃO

sos consideráveis – impulso este que começa no Egito, alcança o mundo grego, passa ao mundo árabe e chega ao mundo europeu antes da Renascença.

Segundo Champollion, "a interpretação dos monumentos do Egito faraônico coloca ainda mais em evidência a origem egípcia das ciências e das principais doutrinas filosóficas da Grécia; a escola platônica não passa de um egipcianismo saído dos santuários de Saís; a velha seita pitagórica propagou teorias psicológicas que são desenvolvidas nas pinturas e nas lendas sacras dos túmulos dos reis de Tebas, no fundo do vale deserto de Biban-el-Moluk."[10]

Alexandre Moret, afirmou que, quando os reis saítas da 26ª dinastia abrem o Egito aos estrangeiros, os gregos são os primeiros a chegar: "O Egito se oferecia a eles como um conservatório da civilização humana, desde suas origens; era a matriz das artes, das ciências, da religião, das instituições [...], milagrosamente conservada desde tempos imemoriais, para a instrução das sociedades então modernas".[11]

As Criações

Os antigos egípcios, como acentua Karenga,[12] viam a criação do Universo como um processo contínuo. Por isso, esse autor

---

10. *Idem*, p. 174.

11. *Idem*, p. 175.

12. Maulana Karenga, *Selections from the Husia: Sacred Wisdom of Ancient Egipt* [Seleções da Husia: sabedoria sagrada do Egito Antigo], pp. 3-4.

MATRIZES E PECULIARIDADES DO PENSAMENTO AFRICANO

prefere referir o fenômeno no plural: "as Criações" em vez de "a Criação".

Segundo ele, o primeiro ato criador foi "o primeiro evento do primeiro momento", mas a criação se repete a cada dia na natureza e na história humana. Na natureza, o nascer do sol (Ra) e o novo começo que ele traz a cada dia são um reflexo disso. Na história humana, isso se reflete no constante estabelecimento/restabelecimento da ordem e da integridade no meio do caos e do mal.

Dos mais antigos escritos egípcios, ainda segundo Karenga, já se pode extrair uma conscientização estruturada da Humanidade no que diz respeito a ontologia e ética. Esses escritos antecedem em vários séculos as formulações de hebreus, cristão e muçulmanos e, aparentemente, as inspiraram. Assim, nelas, como escreveu o mencionado autor, encontramos pela primeira vez: o conceito de "logos", ou seja, criação através de pensamento conceitual e palavras categóricas; o conceito de livre-arbítrio e igualdade humana; e uma moralidade reflexiva que indica julgamentos sociais definidos, como, por exemplo, naquilo que é amado e no que é odiado; e na crença em que o Ser Supremo concede vida aos corretos e punição ou morte aos maus.

Importante notar que Ra criou e recriou o Universo através do Maat, isto é, por força de verdade, justiça, ordem, harmonia, certeza, constância e equilíbrio. Então, Maat é um conceito divino, força e prática, que não apenas informou a ação de Ra, mas também foi estabelecido como conceito fundamental, poder e prática para organização, manutenção e desenvolvimento da sociedade humana. Assim, em cada "livro" do conjunto Maat existe, quer queiram quer não, um interesse e um foco centrados nos princípios de verdade, justiça, integridade, ordem e harmonia.[13]

O "LIVRO DOS MORTOS"

Segundo Bacha,[14] o *Livro dos mortos* foi assim intitulado por um equívoco de tradução. Na verdade, ele pode ser visto como um guia ou manual de instruções que representa a grande síntese do pensamento filosófico do povo egípcio e, se bem compreendido, pode responder às clássicas indagações da Humanidade: "Quem somos? De onde viemos? E principalmente *para onde vamos?*" O livro é composto a partir da síntese, ou compilação, de inúmeros textos referentes a vários períodos históricos e de pensamentos das diversas escolas filosóficas egípcias, desde as primeiras dinastias, incluindo a 23ª, de Quemnu, a grande, a cidade de Thoth ou Ptah.

Fundamentalmente, o livro afirma que diante de Maat, a deusa da justiça, da verdade e da boa conduta, nem as riquezas nem a posição social têm algum valor na hora da travessia da morte; apenas os atos da pessoa que se vai seriam levados em consideração.

---

13. *Ibidem.*
14. Lourdes Maria Silva Bacha, *Escritos do Antigo Egito*, pp. 117-118.

9. UNIDADE NA DIVERSIDADE

Linhas atrás falávamos da unidade do pensamento africano no que diz respeito à noção comum sobre o fenômeno Força Vital e sobre a diversidade expressa no entendimento e na extensão desse fenômeno entre cada povo. Agora, passaremos em revista algumas noções de alguns povos sobre o ser e estar no Universo.

IORUBÁ

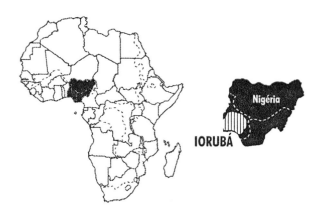

FILOSOFIAS AFRICANAS: UMA INTRODUÇÃO

A denominação "Iorubá" é hoje aplicada a um conjunto de povos oeste-africanos localizado em partes dos territórios das atuais repúblicas de Nigéria, Benin e Togo. O principal traço de união entre esses povos é a língua que falam, o iorubá, com algumas variantes locais.

Algumas tendências historiográficas procuram estabelecer a origem dos ancestrais dos Iorubás no Vale do Nilo, onde floresceu a civilização do Egito faraônico. A essa corrente filiou-se o pensamento de J. Olumide Lucas, expresso principalmente na obra *Yoruba Language: Its Structure and Relationship to Other Languages* [A língua iorubá: Sua estrutura e relações com outras línguas], publicado em Lagos, Nigéria, no ano de 1964. Dezesseis anos antes, porém, esse autor já havia publicado o livro *The Religion of the Yorubas* [A religião dos Iorubás], em que apresentava essa linha de pensamento, acolhida por Cheikh Anta Diop.

Segundo Diop,[1] o livro de Olumide Lucas reforçava a tese da origem egípcia dos Iorubás a partir dos seguintes argumentos: similaridade ou identidade de línguas, bem como de crenças, ideias e práticas religiosas; permanência, entre os Iorubás, de antigos costumes egípcios, além de nomes de pessoas, lugares e objetos. "Não há dúvida de que os Iorubás já estavam na África desde tempos muitos antigos."

"Uma série de fatos leva à conclusão de que eles teriam vivido durante muito tempo nessa parte do continente chamado

---

1. Cheikh Anta Diop, *Nations Nègres et culture* [Nações negras e cultura], pp. 379 e ss.

Antigo Egito". Assim escreveu Lucas, acrescentando: "A maior parte dos deuses do Egito sobreviveu entre os Iorubás, sob seus nomes ou sob seus atributos ou sobre ambos". E, continua Olumide Lucas observando, a migração dos ancestrais dos atuais iorubanos, do norte para o oeste africano, foi posterior ao contato dos egípcios com os gregos.[2]

Essas hipóteses, evidentemente sujeitas a investigações, têm sido refutadas pelos cânones do pensamento dominante, sem que, entretanto, tenham sido abandonadas por pensadores como os do Departamento de Estudos Africanos da Temple University, Filadélfia, Estados Unidos. A questão que envolve os iorubás e o antigo Egito é polêmica e continua aberta.

Cosmogonia

Segundo Adékòyà,[3] o saber ancestral iorubano, compreende o Universo como um complexo de forças que se defrontam, se opondo ou se neutralizando. Nesse confronto, o equilíbrio e a harmonia entre os sistemas são instáveis, pois sua estruturação obedece a princípios dinâmicos. "A reconstrução do fenômeno sagrado baseia-se na dialética entre a cultura e as tradições orais, que operam no interior da sociedade, no contexto social, situacional e histórico", diz o autor.

---

2. Olumide Lucas, citado por Cheikh Anta Diop, *Nations nègres et culture* [Nações negras e cultura], pp. 380-382.

3. Olúmúyiwá Anthony Adékòyà, *Yorùbá: tradição oral e história*, pp. 75-76.

FILOSOFIAS AFRICANAS: UMA INTRODUÇÃO

Assim, o significado, a estrutura e as relações simbólicas existentes entre os componentes do Universo sagrado iorubá referem-se a um conjunto complexo de sistemas e doutrinas. Os princípios dinâmicos da existência cósmica e humana, por sua vez, são simbolizados pelas divindades. Assim, o oráculo Ifá (do qual falaremos adiante) rege a intercomunicação dos discursos entre os diferentes domínios do Universo, sagrado e profano.

Axé e agbara

Para os Iorubás, existem dois tipos de poder intimamente ligados. O primeiro é o *agbara*, o poder físico; o outro é o axé, o poder espiritual, a capacidade de realizar. O poder espiritual é o mais importante, não se devendo, contudo, desprezar o poder físico.

A ideia de axé designa um modo de relacionamento com o real fundamentado na crença em uma energia vital – que reside em cada um, na coletividade, em objetos sagrados, alimentos, elementos da natureza, práticas rituais; na sacralização dos corpos pela dança, no diálogo dos corpos com o tambor. – que deve ser constantemente potencializada, restituída e trocada para que não se disperse.[4]

Fundamentada no agbara e no axé, a cultura iorubá se baseia na ritualização da ancestralidade, na modelação de condutas estabelecida pelo conjunto de mitos e na transmissão dinâmica de matrizes simbólicas. A tradição, nesta perspectiva, não é

---

4. Luiz Antonio Simas e José Rufino, *Flecha no tempo*.

UNIDADE NA DIVERSIDADE

imutável, mas entendida como um impulso inaugural da força de continuidade do grupo.

O conjunto dos meios materiais que permitem executar uma ordem representa o poder físico; por exemplo, as armas, os soldados ou mesmo as proezas físicas no campo de batalha ou em um combate civil. O poder espiritual é muito mais sutil: constitui-se em um conjunto de forças invisíveis, mas poderosas.

No saber tradicional iorubano, quando, em combates, os fracos são vencidos pelos fortes ou quando, em conflitos econômicos, os poderosos se apossam das terras dos mais fracos, essas conquistas ou aquisições só se concretizam graças a uma ajuda espiritual. E ela não estará completa se as divindades e os objetos sagrados dos vencidos não tiverem sido profanados, se seu laço espiritual com o passado não tiver sido rompido.

O indivíduo que procura despojar uma pessoa de sua terra nem sempre acredita que a privará de seus direitos legítimos pela força; frequentemente, ele pensa que a terra pertence a seus ancestrais e que está apenas retomando o que é seu. Sabendo que vai se apoderar deliberadamente da terra de alguém, procurará desmoralizar os poderes espirituais desse indivíduo, destruindo seus deuses. Assim, os poderes inteiramente espirituais dos orixás são considerados muito mais eficazes que todos os poderes físicos.

Segundo os Iorubás, um obá, um rei, possui um poder que emana dos orixás e, depois de sua consagração, é alçado à condição de *alaxé*, em um patamar logo abaixo deles, porque lhes deve obediência. Assim também, o direito de legislar, outra manifestação do exercício do poder, não é considerado um

FILOSOFIAS AFRICANAS: UMA INTRODUÇÃO

simples ato de racionalidade e de regulamentação social, e sim uma manifestação da vontade dos orixás e ancestrais. Mesmo as leis mais simples são promulgadas como uma revelação divina.

Em razão dessa crença na superioridade das forças espirituais, o uso da força física no exercício do poder tornou-se secundário. Então, da mesma forma que se obedece imediatamente ao rei, porque se reconhece nele uma força espiritual superior, toda pessoa idosa é obedecida sem dificuldade pelos mais jovens porque a ela são atribuídos poderes espirituais superiores. E mesmo entre os reis, existe uma hierarquia – o mais jovem inclina-se diante do mais velho.

Tudo isso demonstra que, em geral, a força física não é considerada o argumento último e mais eficaz. Uma pessoa, mesmo idosa, fraca, pobre e doente, pode comandar um indivíduo jovem, forte, viril e robusto com a certeza de que será obedecida. Assim, nem sempre é indispensável que o rei monopolize todos os meios de ataque e defesa de que dispõe, ainda que seja de seu interesse fazê-lo. Uma só palavra sua – que expressa os poderes espirituais de todos os ancestrais – será considerada muito mais eficaz que todas as forças físicas desses meios.

Nos reinos iorubás anteriores ao período colonial, os exércitos não eram permanentes nem deviam obediência a um único obá. Cada homem poderoso tinha seu próprio exército, e o rei podia ou não possuir um. Para os antigos, isso não era sinal de fraqueza do poder do soberano, porque, em virtude de seus poderes espirituais, ele podia recorrer aos serviços desses exércitos, cujos chefes lhe deviam favores e lhe obedeciam sem discutir.

UNIDADE NA DIVERSIDADE

Para manter-se em boa saúde física e permanecer forte, o indivíduo pode utilizar diversos meios: o medicamento líquido (*abô*), consumido como bebida ou adicionado ao banho; o medicamento em pó (*agunmu*), misturado aos alimentos sólidos e líquidos; o medicamento a ser ingerido após cozimento (*axejé*); as incisões (*gbere*), nas quais se introduzem por fricção, medicamentos em pó que vão se misturar ao sangue.

A saúde (*ilere oro*) é a riqueza, diziam os antigos. A honra (*ola*), contudo, também é uma fonte de poder. Um *ololá* é um homem honorável. Um indivíduo pobre pode ser um *ololá*, desde que não haja manchas em seu caráter. Isso é possível porque o bom caráter é uma competente couraça contra os acontecimentos adversos da vida, e qualquer um que o possua não precisa temer nada. O bom caráter é o guardião do homem. As pessoas de mau caráter temem o homem de bem desnecessariamente, pois o seu medo é causado pelo remorso.

Graças à admiração que suscita na população, o *ololá*, o honrado, exerce um poder considerável. E esse poder está relacionado com o axé, o poder espiritual adquirido por meios legítimos, socialmente aprovados.

Ifá, a filosofia iorubana

Ifá é um oráculo e uma espécie de "livro não escrito", contendo todos os conhecimentos, sabedorias e experiências acumulados pelos iorubanos desde, pelo menos, o século V d.C., segundo a tradição. Esses conhecimentos, relativos à história, à filosofia, à medicina e até mesmo à matemática, expressam-se em milhares

FILOSOFIAS AFRICANAS: UMA INTRODUÇÃO

de relatos, transmitidos através de parábolas, originados pelos odus, que seriam como os "capítulos" desse livro não escrito. O conjunto deles constitui, indubitavelmente, um corpo de conceitos filosóficos sofisticado, ainda que a tradição acadêmica os defina como "populares".

Para a vida pessoal, um odu é uma espécie de signo que rege o nascimento de cada pessoa e é revelado pelo oráculo. A tradição iorubá aponta a existência de dezesseis signos principais, cujas combinações perfazem 256 odus. Cada ser humano é regido por um desses odus. Cada um desses signos é composto de uma infinidade de poemas, relatando a história da criação e o papel que os orixás e uma série de outras espiritualidades exerceram nessa história primordial. O conjunto dos odus forma, então, o corpus canônico sobre o qual se sustenta a tradição.

Dentro dos odus estão os caminhos e as possibilidades que cada um carregará para o resto das vidas. Nesse sentido, odu é o destino possível de cada um. Nele se explicitam as coisas que devem ser evitadas, os eventos que podem colocar em risco a existência, as comidas que fazem bem, as comidas que fazem mal, as aptidões profissionais, a relação com os ancestrais, as folhas que curam, as folhas que matam, os ebós que salvam, os orixás que acompanham O que salva em um odu pode matar em outro. Nenhum ser humano escapa ao seu odu, vivendo os caminhos *irê* (positivos) ou *ibi* (negativos).

Segundo Abímbólá,[5] as parábolas de Ifá expressam impor-tantes conceitos, como os de ori, a mente humana, e *iwapele*, o

---

5. Wande Abímbólá, *"The Concept of Good Character in Ifa Literary Corpus"* [A noção de bom caráter na antologia literária Ifá], pp. 98-106.

UNIDADE NA DIVERSIDADE

bom caráter. Ori é a essência da sorte e a mais importante força responsável pelo êxito ou pela derrota de um ser humano, pois é a força divinizada que comanda a vida pelos benefícios recebidos das forças maiores. Por sua vez, em Ifá, o bom caráter, *iwapele*, expressão da dignidade e da decência, é comparado, com vantagem, a bens valiosos aspirados pelo ser humano, como dinheiro, filhos e casa, sendo colocado acima de todas as riquezas.

Conforme Ifá, a existência transcende o tempo da estada do indivíduo no planeta Terra, estendendo-se além desse período pelas lembranças que cada ser humano deixa após a morte física. Vem daí a relevância de *iwapele*, como demonstração do assentamento do pensamento tradicional iorubá em sólidos valores éticos.[6]

Os relatos de Ifá mostram que os ancestrais dos iorubanos (e de seus descendentes biológicos ou espirituais dispersos pelo mundo) acreditavam nos aconselhamentos do oráculo, pois eles têm a força de uma experiência acumulada através dos séculos. E, assim, constituem um conjunto de experiências históricas acumuladas e que adquiriram a força de lei costumeira.

Acrescente-se ainda que os ensinamentos de Ifá nasceram e ainda nascem de uma observação cuidadosa das tendências e comportamentos das forças naturais do passado em relação ao que pode vir a ser no futuro. Nascem, enfim, das deduções das experiências anteriores no campo das leis da física; e, assim, a filosofia básica de todo o sistema Ifá é que o aprendizado resulta de experiências pregressas.[7]

---

6. *Ibidem*, p. 106.

7. Olúmúyiwá Anthony Adékòyà. *Yorùbá: tradição oral e história*, pp. 67-68.

FILOSOFIAS AFRICANAS: UMA INTRODUÇÃO

Apesar da presença secular de outras linhas de pensamento, como as do islamismo e do cristianismo, muitos iorubanos, menos ou mais letrados, servem-se, até a atualidade, das orientações de Ifá, buscadas antes de todas as ocasiões e decisões importantes.

Espinosa e Piñero, afirmam que: "Os múltiplos avatares, pelos quais os seres humanos passam, fazem com que a experiência se manifeste a eles como uma voz interna, oferecendo-lhe soluções para resolver seus problemas". Isso, porque as experiências têm, cada uma, sua lição proveitosa, que soma ao conjunto de valores chamado "sabedoria".[8] E o homem sábio aprende não só mediante suas experiências particulares, como também toma as lições experimentadas por outros em suas vidas para tirar conclusões e incorporá-las a seu saber. Assim, um babalaô deve assimilar essas questões para que, no exercício de seu mister, possa aconselhar os discípulos de maneira que os saberes transmitidos cheguem a eles, obrigando-os a refletir, pois o caminho para a sabedoria é a reflexão, o pensamento.

O babalaô ou *awo*, intérprete do oraculo Ifá, deve estar convencido dos valores que possui, e estudar e aprofundar a filosofia de Ifá. Para o aprendizado, tem que se dedicar por muitos anos ao estudo do sistema divinatório, aprendendo e memorizando os cânticos e textos oraculares, deve também levar vida ascética, compatível com sua vida sacerdotal. Os Iorubás acreditam que a pureza ajuda o babalaô a conectar-se com o divino através

---

8. Félix Espinosa e Amadeo Piñero, citados por Nei Lopes, em *Ifá lucumi: o resgate da tradição*.

UNIDADE NA DIVERSIDADE

da prece. E se ele sucumbe ao mal, estará ofendendo Ifá e provocando o desconcerto das forças que presidem a existência.

A morte como proporcionadora da vida

Diz Ifá que Olodumare, o Ser Supremo, um dia deu a Obatalá a tarefa da criação dos homens e mulheres, para que eles povoassem o Ayê. Obatalá moldou os seres a partir de um barro primordial; para isso pediu a autorização de Nanã, a venerável senhora que tomava conta daquele barro. Os humanos, depois de moldados, recebiam o *emi* – sopro da vida – e vinham para a terra. Aqui viviam, amavam, plantavam, colhiam, se divertiam e cultuavam as divindades.

Aconteceu, porém, que o barro do qual Obatalá moldava as pessoas foi acabando. Em breve não haveria a matéria primordial para que novos seres humanos fossem feitos. Os casais não poderiam ter filhos e a terra mergulharia na tristeza trazida pela esterilidade. A questão foi levada a Olodumare.[9]

Ciente do dilema da criação, Olodumare convocou os orixás para que eles apresentassem uma alternativa para o caso. Como ninguém apresentasse uma solução, e diante do risco da interrupção do processo de criação, Olodumare determinou que se estabelecesse um ciclo. Depois de certo tempo vivendo no Ayê, as mulheres e homens deveriam ser desfeitos, retornando à matéria original, para que novos seres pudessem, com parte da matéria restituída, existir.

---

9. Luiz Antonio Simas, *Pedrinhas miudinhas: ensaios sobre ruas, aldeias e terreiros,* pp. 63 ss.

FILOSOFIAS AFRICANAS: UMA INTRODUÇÃO

Resolvido o dilema, restava saber de quem seria a função de tirar dos seres o sopro da vida e conduzi-los de volta ao Todo primordial – tarefa necessária para que outras mulheres e homens viessem ao mundo.

Obatalá esquivou-se da tarefa. Vários outros orixás argumentaram que seria extremamente difícil reconduzir as pessoas ao barro original, privando-as do convívio com a família, os amigos e a comunidade. Foi então que Iku, até então calado, ofereceu-se para cumprir o designo do Deus maior. Olodumare abençoou Iku. A partir daquele momento, com a aquiescência de Olodumare, Iku tornava-se imprescindível para que se mantivesse o ciclo da criação.

Desde então Iku vem todos os dias ao Ayê para escolher os homens e mulheres que devem ser reconduzidos ao Orum. Seus corpos devem ser desfeitos e o sopro vital, retirado para que, com aquela matéria, outras pessoas possam ser feitas – condição imposta para a renovação da existência. Dizem que, ao ver a restituição dos homens ao barro, Nanã chora. As lágrimas dela amolecem a matéria-prima e facilitam a tarefa da moldagem de novas vidas.

Esse mito iorubá, poderosa síntese da ideia da morte como condição necessária para que exista a vida, comporta uma fabulosa variante de leituras e mostra como os saberes africanos normalmente se referem a uma ideia de tradição que não é estática. Nas culturas orais, o conhecimento se fundamenta no ato de se transmitir ou entregar algo para que o receptor tenha condições de colocar mais um elo em uma corrente dinâmica e mutável.

UNIDADE NA DIVERSIDADE

O conjunto de invenções do mundo, que constitui o campo da cultura, se apresenta como a capacidade de criar e recriar a vida a partir do legado dos ancestrais. A percepção da cultura, neste caso, refere-se à maneira como um grupo cria ou reelabora formas de [re]invenção da vida e estabelece significados complexos sobre a realidade que o cerca. As formas de falar, vestir, comer, rezar, punir, matar, nascer, enterrar os mortos, chorar, festejar, envelhecer, dançar, não dançar, fazer música, silenciar, gritar. Tudo isso é componente da cultura de um grupo e, para os africanos, dialoga necessariamente – no campo simbólico e ritual – com a ancestralidade.

A metáfora do barro que constantemente se renova é moldável, ganha novas formas a partir de saberes ancestrais, engendra possibilidades ilimitadas de recriação e aponta para a continuidade a partir da dinamização da tradição, é o fundamento mesmo do que os Iorubás entendem por vida com axé.

As culturas de axé são, sobretudo, potentes. Para alguns pode parecer um paradoxo, mas elas só são dinâmicas porque são tradicionais. É como a vida, que só é possível em virtude da força criadora alimentada pelo papel da morte; signo vigoroso de renovação ancestral continuamente celebrada.

Não há nada de novo (nada pode nascer) que não precise recorrer ao fundamento (o barro) para existir. A função da matéria, por sua vez, é se reconfigurar e se renovar como possibilidade de criação de outras vidas. A tradição que não se renova é destituída de axé. Matéria morta e sem potência, em suma; simulacro de uma vida que já não existe.

FILOSOFIAS AFRICANAS: UMA INTRODUÇÃO

Diz Ifá que o novo que não vem do velho e o velho que não vira novo sucumbirão ao mais duro dos aniquilamentos: o esquecimento. Suas histórias não farão nenhum sentido e não mais serão lembradas pelas mulheres, pelo homens e crianças. Ser lembrado, para os Iorubás, é permanecer vivo.

AKAN

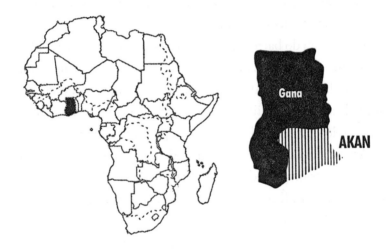

A denominação "Akan" abrange um conjunto de povos da África Ocidental, falantes da língua de mesmo nome e suas variantes, como Akuapem twi, Fanti twi e Axânti twi. Compreende, na atualidade, principalmente os povos Agni, Axânti,

UNIDADE NA DIVERSIDADE

Baulês, Fântis e Assas. Unidos pela cultura e pela língua, os povos Akan ocuparam, notadamente, as regiões florestais do centro e as regiões mais temperadas do território da antiga colônia inglesa da Costa do Ouro, na atual República de Gana.

No saber tradicional dos povos Akan, o ser humano é constituído de cinco elementos não visíveis, mas essenciais. Em primeiro lugar vem o *kra*, nome popularmente traduzido como "alma", que designa, mais exatamente, a própria manifestação da força humana, sendo, ainda, o condutor do destino do indivíduo, emanado de Onyame, Nyame ou Onyakopon o Ser Supremo. Existem sete tipos de *kra*, cada um correspondente a um dia da semana; a partir desta correspondência é que se atribui o *akradini*, primeiro nome, ao indivíduo.

O segundo elemento essencial do ser humano é o *sunsum*, nome traduzido como "espírito" e que expressa a personalidade ou caráter. Os homens têm um *sunsum* mais pesado que o das mulheres. Entretanto, há também mulheres com *sunsum* pesado e forte o que lhes confere certas características associadas à condição masculina.

Esse elemento é sujeito a perturbações causadas pelo convívio social, pelo ambiente ou outros fatores. Por isso, em festivais como o Odwira (o mais importante festival do povo Akuapem, um dos povos Akan), realizado uma vez por ano, a pessoa tem a liberdade de falar, expressando tudo o que a incomoda e a contraria, mesmo que seja sobre o rei e sua família. Durante esse período de transitoriedade, as regras de etiqueta poderão ser abolidas. Depois, quando a comunidade retornar à vida real, o *sunsum* das pessoas e de toda a sociedade terá esfriado e estará em paz.

O terceiro elemento que, no saber do povo Akan, compõe a individualidade do ser humano é o *ntoro*, fator genético masculino que une, em uma família extensa, com deveres de união e solidariedade, todos os parentes pela linha paterna. O quarto componente é o *mogya*, o corpo físico, o sangue, que traduz os laços consanguíneos pelo lado materno, o mais importante: o sangue determina o pertencimento e a posição da criança dentro de um clã (*abusuaban*) e de uma linhagem (*abusua*); a sucessão e o status dentro das sociedades Akan são determinados pela filiação materna.

Chegamos então ao quinto elemento, *tumi*, termo usualmente traduzido como "poder, autoridade". *Tumi* é a capacidade de produzir o efeito desejado, correspondente ao axé iorubano. Quando dizemos que alguma coisa tem *tumi*, significa que aquele objeto tem esse poder, essa força.

Tudo na natureza contém *tumi* ou é *tumi*, porque todos os seres e coisas podem ser moradas de uma divindade ou de um espírito. A essência de cada coisa, assim como as transformações específicas que se verificam em cada ser ou coisa, sozinha ou interagindo com outras, passam pela manifestação do *tumi*.

Na floresta, a planta *ahoma bosom*, uma trepadeira parasita, tem este nome ("fio divindade") porque possui o *tumi*, a força, o poder de matar todas as outras plantas, com exceção do odoom, a paineira. Entretanto, ela é muito benéfica para o homem e serve para curar diversas doenças em razão de seu grande *tumi*.

Como todos os outros seres da natureza, os humanos também possuem o seu próprio *tumi*, tanto coletiva quanto individualmente. O *tumi* de um indivíduo é relacionado ao seu *sunsum*, um dos componentes imateriais do ser humano. Assim, alguns indivíduos podem ter níveis de *tumi* ligeiramente mais elevados que outros.

UNIDADE NA DIVERSIDADE

Segundo os povos Akan, uma pessoa que tem um *sunsum* poderoso, dotada de um grande *tumi*, é capaz não só de dominar os outros, para o bem e para o mal, mas também de proteger os seus e destruir os adversários. Este tipo de *tumi* é um dom pessoal, mas pode ser adquirido ou reforçado por meio de diversas práticas. Neste caso, o conhecimento aumenta o *tumi* e se transforma em um poder.

O *tumi* de um grupo social é um fluxo que corre da comunidade dos mortos até os membros da sociedade que ainda irão nascer, passando pela comunidade dos vivos.

Para os Akan, a sociedade é um todo espiritual que sofre ou prospera por meio das atividades morais de seus membros. A força de um grupo repousa nas famílias ou nos lares que o compõem. E a destruição começa neles. Um indivíduo de má conduta pode, por seus atos, causar prejuízo ao poder espiritual da sociedade.

As faltas não punidas dos indivíduos diminuem o *tumi* comunitário, provocando secas e aridez do solo, deixando as mulheres estéreis e causando graves perturbações e calamidades. Sob pena de ser totalmente aniquilada, a sociedade não deve tolerar que um indivíduo pernicioso persista em seus atos depravados. Estas pessoas vampirizam o conjunto da sociedade do ponto de vista espiritual.

Ainda, o mal poderia impedir os outros membros da sociedade de estarem livres para as atividades correntes da vida social. O simples rumor de que existe em qualquer parte um fantasma assassino poderia perturbar o curso normal da vida social, a tal ponto que, até que se prove infundado, todos viveriam com medo. Basta uma única pessoa má na comunidade para dominar essa sociedade inteira. Em contrapartida, uma sociedade livre é aquela em que não há indivíduos maus.

FILOSOFIAS AFRICANAS: UMA INTRODUÇÃO

A filosofia dos adinkra

A tradição akan criou e consagrou um tipo de tecido denominado *adinkra*, cujo nome se estendeu às vestimentas confeccionadas com ele. Esse nome deriva da designação dos signos que compõem a estamparia dos tecidos, em número que chega a mais de sessenta. Cada um desses símbolos representa um conceito, interpretado num ensinamento. O *nyansapow*, por exemplo, é a representação de um nó, o "nó da sabedoria", símbolo de saber, engenhosidade, inteligência e paciência, transmitindo o ensinamento de que a sabedoria é um nó a ser desatado.[10]

Entre os povos Akan, a palavra *adinkra* significa literalmente "despedida", "gesto de adeus". E, segundo a tradição, a expressão nasceu por causa de certo rei, chamado Nana Kofi Adinkra, na atual Costa do Marfim. Ele não só detinha o segredo de fabricação do tecido, que depois ganhou seu nome, como também o estampava com desenhos do trono de ouro, símbolo maior do poder entre os Akans, alegando ser seu verdadeiro dono.

Conta a tradição que, um dia, Osei Bonsu, rei dos Axântis, sentindo-se ameaçado por esse potencial usurpador, declarou-lhe guerra, no que foi bem-sucedido. Morto, como castigo por sua insolência, Adinkra teve a cabeça arrancada do corpo e levada como um troféu. E Osei Bonsu – reza a tradição – levou também as vestes do pretenso conquistador, bem como as técnicas de fabricação do tecido e sua estamparia. A partir daí, o nome do rei morto passou a significar "adeus", "despedida",

---

10. Elisa Larkin Nascimento e Luiz Carlos Gá, *Adinkra: sabedoria em símbolos africanos*, p. 114.

estendendo-se ao tipo de tecido que usava e aos grafismos nele estampados.[11]

A palavra *"adinkra"* pode se decompor em *"di nkra"*, ou seja, "despedir-se do *kra*", o élan vital. Antes de uma pessoa nascer – dizem os Akans –, o *kra* comparece perante Onyame, que lhe dá um destino para cumprir. Então, assim como o *kra* é muito mais que a "alma", um *adinkra* é muito mais que um belo tecido ou a denominação de cada um dos símbolos gráficos que compõem sua estamparia: é filosofia.

KONGO

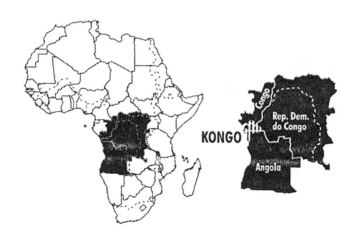

---
11. Robert B. Fisher, *West African Religious Traditions: Focus on the Akan of Ghana* [Tradições religiosas da África Ocidental: Akan de Gana em foco].

Os Kongos, Congos ou Bacongos, formam um vasto conjunto de povos falantes do idioma quicongo e seus dialetos, habitantes nos atuais territórios de Congo, Congo-Kinshasa, Angola, Gabão e Zâmbia.

Fútu, o grande saco da existência

Segundo tradições dos povos Kongo, codificadas pelo cientista médico congolês Kia Bunseki Fu-Kiau, a Terra, nosso planeta, é um *fútu*, um grande saco em que Kalunga, o Ser Supremo, colocou tudo o que torna possível a vida e depois fechou, com um nó bem apertado. Esse saco contém tudo de que a vida precisa para existir: alimentos para a nutrição, bebidas para aplacar a sede, remédios para curar o corpo, matérias-primas para utensílios e ferramentas. Os remédios consistem em substâncias químicas – umas conhecidas e outras, não.

Entre os Kongos, um *fútu* tem grande valor para seu dono – é nele que são guardados seus materiais de utilidade e objetos pessoais e até mesmo seus segredos, como os símbolos de seus pactos e juramentos secretos. Alguns *fútus* são relíquias de família e passam de geração a geração. Outros são atestados de competência, simbolizando a obtenção de um grau dentro de uma hierarquia. Daí, a analogia.

A Terra, nosso planeta, é, então, o *fútu* de muito valor para nós, seres humanos. Ela guarda, oculta, a Força Vital, poder complexo que não é possível compreender inteiramente, pois

UNIDADE NA DIVERSIDADE

foi Kalunga e não nós, seres humanos, que preparamos o *fútu* e o fechamos com um nó tão apertado. Esse nó é um código, um sistema oculto feito para isolar e proteger o mistério da vida. Quem prepara um *fútu* sempre o lacra no final, com um nó bem apertado, para ocultar e proteger o poder secreto de sua criação. E quem procura desatar esse nó, abrir essa tampa ou retirar esse selo, sem estar devidamente preparado, sofre sérias consequências. Só quem sabe e pode desatar esses nós é Kalunga, o Incriado, aquele que foi feito por si mesmo. Ele é a personificação da energia total, da qual emanam o *mooyo*, a vida, e o Universo.

Kalunga é a fonte universal que fez, faz e fará as coisas acontecerem ontem, hoje e, acima de tudo, amanhã. Essa Força Total é a vida em si mesma, ou seja, a própria vida. A ciência não pode explicá-la porque nasceu depois que o *mooyo* (a Força Vital em si mesma) já existia na Terra, no *futu diakanga Kalunga*, "no saco preparado e fechado por Kalunga".

Conforme os saberes do povo Kongo, nenhuma interpretação é capaz de recriar perfeitamente as condições primitivas que deram origem à vida na Terra no começo dos tempos. Essas condições são um mistério e permanecerão como tal, porque são energias de segredos encerrados por Kalunga no Universo, em geral, e na Terra, em particular.[12]

---

12. Kimnwandènde K. B. Fu-Kiau, *Self-Healing power and Therapy* [Autocura, poder e terapia], pp. 111-115.

Mooyo, a Força Vital

Segundo as tradições dos Kongos codificadas por Fu-Kiau, o planeta Terra, como *fútu,* como recipiente, foi criado antes de a vida aparecer em todas as suas formas; antes das plantas, dos animais irracionais e dos seres humanos.

O *mooyo* é a Força Vital, e passou a existir na Terra depois que o *fútu* foi completo e lacrado – quando o *fútu* e seu conteúdo já estavam prontos para assegurar a vida. Ele é a matéria universal, algo que está dentro e fora. Ele é o que é. É a vitalidade da existência. É a chave do *kibântu,* modo de vida banto, sua filosofia. Assim, *kimooyo,* a religião dos Kongos, é uma expressão de vitalismo, e não de animismo.

O *mooyo* não é a vida material, nem é o meio pelo qual a vida material é vivida; nem, ainda, sua duração. Mas a existência, o modo de viver e a sua trajetória só são possíveis por intermédio do *mooyo,* a Força Vital que faz com que as coisas cresçam e estejam vivas. Como matéria universal, o *mooyo* está presente em tudo, até mesmo nas pedras. A espécie de *mooyo* oculta nas pedras, plantas e animais, tem um importante papel a desempenhar no *mooyo* do ser humano e é sua principal fonte de medicamentos.

A Terra, vista como um *fútu* representa ao mesmo tempo força e energia, provenientes de radiações, medicamentos, alimentos, sais, água, óleos e luz. O planeta é um corpo que abriga toda espécie de substâncias conhecidas e desconhecidas, todas elas importantes para a existência, porque são parte do conteúdo de um corpo ao qual foi dada a vida. Tudo o que está oculto sob

UNIDADE NA DIVERSIDADE

o solo é para a vida – isto é, para nós –, esteja em força tangível ou intangível, como sólido, líquido, energia ou gás.

Todos os povos têm seu *mooyo*. Portanto, incorporar símbolos, ritos, crenças e valores de outros povos pode significar aumento do nosso próprio *mooyo*. Quando escolhemos esse caminho, não precisamos abandonar nossas crenças originais. Desde que proporcionem saúde, fecundidade, estabilidade, harmonia e prosperidade, todas as experiências são bem-vindas. Somente quando produzem efeitos contrários é que devemos evitá-las.[13]

A partir dessa concepção, mortos e vivos fazem parte de uma só comunidade e têm obrigações recíprocas. Diversas forças, que os Kongos chamam de impessoais – como os vegetais, minerais, animais – podem acrescentar vitalidade aos humanos. Para isso, dominar as técnicas da magia é fundamental e os líderes espirituais se tornam imprescindíveis.

Esses líderes devem usar a magia com o objetivo de gerar harmonia e equilíbrio, renovando desta maneira a Força Vital, que atuará como um mecanismo de ordenação da vida. Se o líder espiritual, entretanto, usar a magia para finalidades maléficas, desestruturará a ordenação social, gerando a desconexão entre a coletividade e o Ser Supremo. O mal, ensinam os sábios, nunca reside nas forças sobrenaturais, mas na intenção dos vivos.

---

13. *Ibidem*, pp. 115-117

DOGON

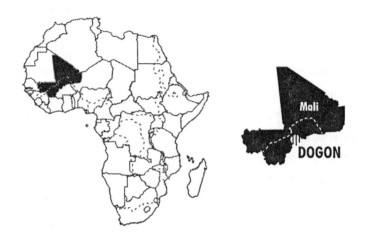

Os Dogons são um povo habitante da região das Falésias de Bandiagara, na parte sudoeste da bacia do rio Níger, em território da atual República do Mali, na África Ocidental.

Visão dualista do Universo

Para o povo Dogon a ambivalência da pessoa humana, entendida como macho e fêmea no seu corpo e seu psiquismo, determina uma visão dualista do Universo. As grandes oposições complementares que daí decorrem (vida/morte; ordem/desordem; noite/dia; umidade/secura) condicionam todos os aspectos da cultura e da vida material dos Dogons. Afetividade (feminina) e intelecto (masculino), cada um apresentando

UNIDADE NA DIVERSIDADE

um aspecto positivo e negativo, determinam quatro polos de identificação do Eu, aos quais se superpõem os da organização social: pertencimento totêmico e família materna, para a parte "feminina; família paterna e classe de idade (etária), para a parte masculina do indivíduo. Esse recebe quatro nomes correspondentes a essas quatro frações sociais e às relações que eles mantêm com cada uma delas. Esses quatro polos se encontram igualmente na organização religiosa.

A Criação

O mito da criação do mundo representa um papel importante na interpretação simbólica dos elementos do Universo. Amma colocou em uma placenta original, que se tornaria a Terra, os germes dos futuros seres. Um deles saiu prematuramente no mundo e então semeou a desordem. Transformado em bicho como punição, ele entrou em conflito perpétuo com seu gêmeo Nommo, sacrificado e ressuscitado pela reorganização da Criação, e que representa a fecundidade e a vida triunfante sobre a morte e, também, o homem sobrepassando seus instintos destruidores para assumir seu papel social. O culto totêmico remete às diferentes partes de seu corpo desmembrado, em relação com diferentes espécies animais e vegetais segundo uma rede de correspondências simbólicas constituindo as categorias do Universo.[14]

---

14. Gorges Balandier e Jacques Maquet, *Dictionnaire des Civilisations africaines* [Dicionário das civilizações africanas], pp. 135-136.

A palavra

Segundo Denise Dias Barros, a partir de outras teorizações, os Dogons dividem os seres entre aqueles dotados de fala, "que falam a palavra", e os que não falam. "Palavra", nesse contexto, seria o "conjunto de enunciados históricos vitais" referentes à sociedade Dogon e que a explicam no tempo e no espaço. Assim, universo simbólico, gestos, oralidade (humana e não humana), socialização típica e práticas cotidianas integram a palavra "exotérica", ao passo que conhecimentos mais profundos são do domínio da palavra "esotérica", a qual se tem acesso por meio de processos de iniciação e socialização atípica.

A humanidade foi criada sem falar. Ao descer do céu por um arco (cordão umbilical e placenta), o homem não era dotado de palavra, exprimia-se por gestos, sons inarticulados, nutria-se de frutos, carnes cruas e bebia a água estagnada pela primeira chuva que foi provocada pelo arco, quando ele tocou a Terra.[15]

O conhecimento dos astros

Em 1950, no artigo "Une Système soudanais de Sirius"[16] [Um sistema sudanês de Sirius], os antropólogos franceses Germaine Dieterlen e Marcel Griaule, que conviveram com os Dogons no final dos anos 1940, descreveram o impacto que sofreram ao

---

15. Denise Dias Barros, *Itinerários da loucura em territórios Dogon*, pp. 77-78.

16. Marcel Griaule e Germaine Dieterlen, "Une Système sudanais de Sirius", *Journal de la Société des Africanistes*, pp. 273-294.

UNIDADE NA DIVERSIDADE

entrar em contato com a cosmogonia e os mitos de criação do mundo desse povo, fundamentados em um profundo conhecimento do sistema estelar de Sirius e dos seus períodos orbitais.

Segundo os Dogons, a criação está vinculada à estrela Po Tolo, que funcionou como uma semente do universo. A astronomia ocidental conhece Po Tolo como Sirius B, acompanhante menor da brilhante Sirius A, da constelação de Cão Maior. A ideia de um universo que se expande a partir de um ponto concentrado, uma semente vital, está presente em diversas concepções africanas e em algumas das mais avançadas hipóteses da astronomia ocidental, que se debruça sobre o tema da origem do universo.

Dieterlen e Griaule se manifestaram impactados com a profundidade do conhecimento dos Dogons sobre o sistema de Sirius. Muito antes de a astronomia ocidental comprovar isso, os Dogons já afirmavam que a Po Tolo tem uma enorme densidade, desproporcional ao seu tamanho, bem como afirmavam que as órbitas compartilhadas da Sirius A e da Sirius B formam uma elipse, em que a Sirius A está localizada em um dos seus focos. A ideia ancestral dos Dogons mostrou-se mais verossímil que a de Johannes Kepler, um dos pais da moderna astronomia ocidental. Para Kepler, os corpos celestes se moviam em círculos perfeitos.

A Unesco considera que os rituais sagrados dos Dogons, que dramatizam suas concepções sobre a criação do mundo a partir das estrelas, são dos mais bem preservados da África Subsaariana. Dentre estes ritos, se destaca a Dança das Máscaras, que expressa quatro fundamentos do mistério da existência para os

Dogons: a formação do mundo, a organização do sistema solar, o culto às divindades ancestrais e o drama misterioso da morte.

Estudos mais recentes defendem que a sociedade Dogon possuiu conhecimentos sobre, além do sistema binário de Sirius, os quatro satélites de Júpiter, o satélite de Vênus e os anéis de Saturno. Para os citados Dieterlen e Griaule, o povo Dogon possui há séculos conhecimentos que a comunidade científica ocidental descobriu apenas entre os séculos XIX e XX.

BAMBARA

Os Bambaras são um povo da África Ocidental falante do bambara, língua do grupo Mandê Ocidental, localizado nos atuais territórios de Burquina Faso, Costa do Marfim, Mali, Guiné, Senegal e Mauritânia. Originários da região entre Bougouni e

Sikasso, em território do atual Mali, teriam chegado às margens do rio Níger no século XII. Após a derrocada do Império Songai de Gao, criaram os reinos de Segu, Beledugu e Kaarta.

No processo de expansão muçulmana do norte para o oeste do continente africano, os Bambaras distinguiram-se por sua resistência à islamização. Tanto que sua denominação étnica, provável deturpação do vernáculo *banmana*, ganhou a conotação de "infiel", "não muçulmano". Com base nessa resistência, os Bambaras fortaleceram o culto às divindades de seus ancestrais, como Ntomo, espírito protetor dos meninos; Kore, o espírito das águas; e Faro, responsável pela justiça e pelo trabalho.[17]

O ser humano

Os Bambaras concebem o ser humano como um microcosmo, resumo da totalidade dos seres e das coisas. O princípio de dualidade contido no pensamento criador original realiza-se pelas almas gêmeas que compensam a separação dos sexos. Segundo esse princípio, Faro (o gênio das águas) é representado pelo *ni* (a alma) e pelo *dya* (seu duplo). Pemba (uma das forças primordiais) é representada pelo *téré* (o caráter, a força da consciência) e pelo *nyama* (a Força Vital, que se transforma em *téré* após a morte do indivíduo). Na mulher, Mousso Koroni, divindade da Criação, símbolo do princípio vital feminino, cede lugar a Wanzo, força nefasta que mora no prepúcio e no clitóris, e que, por ser

---

17. Viviane Pâques, *Les Bambara* [Os Bambara], pp. 81-83.

FILOSOFIAS AFRICANAS: UMA INTRODUÇÃO

nefasta, precisa ser extirpada com a circuncisão ou a excisão, de modo que se realize em harmonia a perfeita união dos sexos.

Nascimento e morte

O corpo humano é o suporte de todas as forças espirituais; cada parte dele é conhecida distintamente em sua tarefa particular. Assim como o espírito, ele não nasce sexualmente definido: o recém-nascido masculino é feminino no prepúcio que envolve e oculta o pênis; e a menina é masculina pelo clitóris. Assim, apenas depois da circuncisão e da excisão é que o homem e a mulher estão aptos a se unir e realizar a "gemealidade" original fecundante.

Sob o plano metafísico, há identidade entre o homem, "semente do mundo" e o grão de cereal. E os alimentos de base, constituídos pelos cereais principais, são representados nas clavículas. No fim da vida, a morte dissocia todos os elementos componentes da pessoa. O *dya* fica na água, onde se tornará o *ni* do primeiro recém-nascido da família do morto.

O *ni* é captado pelo chefe da família e transportado para o altar de onde virá animar o *dya* do neném. O *téré* se transforma em *nyama*; e como é força atuante se juntará às forças ancestrais. O corpo enterrado é entregue à terra. No nascimento, todas as forças espirituais são retransmitidas integralmente e "refrescadas", purificadas. Um ser que nasce sempre substituirá um que se foi.[18]

---

18. *Ibidem*, pp. 83-84.

DIOLA

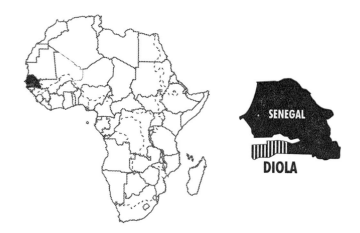

Os Diolas são um povo oeste-africano, da região de Casamance, na atual República do Senegal. Sobre sua cosmogonia, o cientista francês L.V. Thomas informa o seguinte: "O sistema de mundo entre os Diolas pode se representar sob a forma de uma pirâmide de seres, sempre em equilíbrio, perfeitamente coerente consigo mesma e bem arquitetada".[19]

O ser, os seres e os modos de ser

No pensamento dos Diolas, a essência do ser, para além da diversidade de formas, é a Força, às vezes expansiva e penetrante

---

19. Louis-Vincent Thomas "Un Système philosophique senegalais: la cosmologie des Diola" [Um sistema filosófico senegalês: a cosmologia dos Diola]. *Présence Africaine* [*Presença africana*].

e, ao mesmo tempo, atrativa e repulsiva. De fato, é sempre a mesma energia que circula em todo lugar: a impulsão do Ser Supremo (Força geradora), que se altera, se deteriora, se enfraquece, para se diluir na matéria em aparência inerte, mas que, ainda assim, é fonte de inúmeros movimentos.

Todas essas formas de ser (vida, existência), organizadas em patamares superpostos, nutridos ou nutrientes, sendo às vezes as duas coisas ao mesmo tempo, mas sempre em patamares diferentes, realizam o Cosmos. No entanto, uma força só tem sentido quando atua se opondo a outra. Assim, o Ser Supremo dos Diolas (Ata-Emit), embora pudesse ficar indefinidamente curvado sobre si, carecia de um jogo de forças suplementares, menos ou mais fortes, as quais, sem nada acrescentar à sua essência, mas também sem nada lhe retirar, lhe permitissem um perpétuo desdobramento de sua energia. Daí, a existência do Universo; no qual interagem diversas forças, seriadas dentro dos diferentes níveis da ontologia existencial.

Entre os Diolas, como entre os povos Bantos em geral, três ideias mestras resumem a ontologia (ser) [a existência dos seres] e a ciência (fenômeno):

» O princípio do real, no qual o substrato do ser é a força suscetível de se desdobrar ou de se concentrar, de se acrescer ou diminuir. Criação e aniquilação constituem os poderes extremos que são exclusivos do Ser Supremo;

» As forças cósmicas são alterações quantitativas (e não qualitativas, porque a força, mesmo degradada, diminuída, permanece sendo força) da Força Suprema; sua hierarquia

UNIDADE NA DIVERSIDADE

constitui a ordem natural, fundamento da ciência e base da técnica;

» Essa hierarquia, imutável, inalterável, como a essência do Ser Supremo no seu fundamento, não se esclerosa porque as forças universais estão em perpétua interação (natural ou provocada pelo rito, a técnica e a magia humanas).

Tudo é, então, a Força, fonte de participação (o Ser Supremo) ou somente energia participante e participada, compartilhada (o Universo criado). Assim, mais exatamente, existem quatro tipos de Forças, segundo a filosofia diola:

» A Força Suprema, incriada e criadora (a essência do Ser Supremo);

» As forças superiores entre as forças criadas, centro do apelo e da convergência das forças existentes, mas também núcleo gerador (centro irradiador), por reflexo ou empréstimo das forças virtuais (os humanos, vivos ou mortos; e entre eles os ancestrais recentes e os ancestrais míticos);

» As forças (mediadoras) à disposição, fontes de ligação entre o Ser Supremo e os humanos, como potências cósmicas que regem os fenômenos da natureza: água, floresta, fogo;

» Finalmente, as forças condicionantes, provas da riqueza e da diversidade da Criação, meio onde o homem se instala, matéria que o homem pode aperfeiçoar, se pondo em condições de obedecer às leis do cosmos fixadas para sempre pelo Ser Supremo (mundos animal e vegetal; universo físico, meio e matéria ao mesmo tempo).

FILOSOFIAS AFRICANAS: UMA INTRODUÇÃO

Parece certo que na cosmogonia diola, deliberadamente antropocêntrica, há dois polos essenciais: o Ser Supremo e o ser humano. E o Supremo, desejando criar o ser humano, decidiu criar um mundo físico, suporte da existência, povoado de animais, de vegetais e condições de vida. E a primazia do homem é tão grande que certos Diolas fazem do ser humano a finalidade da Criação ou veem o primeiro homem como o autor de tudo o que existe.

Apesar dessa importância do ser humano, ele não possui nenhuma medida de comparação com o Ser Supremo, que é sempre percebido como um Ser frio, distante e impessoal. A justificativa, então, para essa importância do homem exige a inserção, entre a humanidade e o Ser Supremo, de um jogo de forças intermediárias consubstanciadas nas potências da natureza.

A importância do Verbo

Para os Diolas, no jogo das forças, o Verbo ocupa um lugar privilegiado: ele é a expressão do Ser em sua plenitude. O prenome, em particular, qualifica a pessoa por uma frase que é um condensado simbólico. De origem concreta, ele não apenas nomeia: ele explica e é mais que um signo, pois se torna um símbolo. Ele ilustra resumindo; e neste sentido, ele verdadeiramente revela o ser. Por isso, pronunciar o nome é agir sobre a alma e, assim, obrigar a uma ação, a confinar em um estado. Contudo, o poder do Verbo ultrapassa a imposição do nome.

Foi pelo Verbo, efetivamente – segundo o povo Diola – que o Ser Supremo criou o mundo e comanda a chuva.

Tanto no domínio profano quanto no sagrado, a oralidade é ontologicamente eficiente. Nos rituais, as palavras têm tanto o poder de alertar e de pôr em movimento as forças quanto o de sacralizar, de ser existencialmente operantes (como enunciadoras de um fato ou de uma ordem sagrada). Esse espantoso poder se explica facilmente: o Verbo é uma maneira de ser privilegiada. A palavra, seja ela profana, mágica ou sagrada, sempre se assemelha ao sopro vital (assim ela se coloca ao lado da alma).

A filosofia diola é uma filosofia da oralidade. Essa oralidade não é a das línguas; mas a que organiza as potências vitais em sua espontaneidade e seu êxito, pois existir é ser bem-sucedido.

FANG

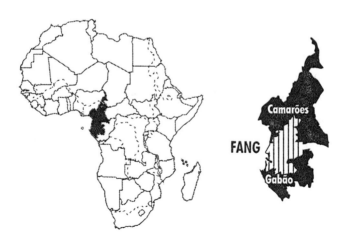

FILOSOFIAS AFRICANAS: UMA INTRODUÇÃO

O povo banto Fang ou Pahouin tem seu território entre o sul da República dos Camarões e o norte do Gabão. Sobre sua concepção a respeito da Criação do Universo, Blandine Engonga Bikoro escreveu: "Segundo os Fang, antes de todas as coisas só havia *Eyo*, o 'invisível', o 'sem forma', que é a origem do Universo. *Eyo* é o princípio vital dos seres, a totalidade absoluta que enfeixa e concentra todas as realidades e todos os aspectos do mundo. Mas *Eyo* não é o Deus criador do mundo, como o Ser Supremo das religiões monoteístas, que entre o povo Fang é chamado Meghebe e é saído dele. *Eyo* está situado fora do espaço e do tempo."[20]

Na origem do Universo, do mundo terreno e da vida está *Eyo*, criador de Meghebe, o qual, por sua vez, criou o homem que dele recebeu a inteligência. *Eyo* é comparável ao "élan vital" de Bergson – diz Engonga Bikoro. É a Força das forças, ou seja, a força criadora de todas as outras, dominando um mundo que é uma interação de forças organizadas segundo uma hierarquia. No topo da pirâmide está *Eyo*; abaixo e em seguida *Aki-Ngoss*, *Minkour-mi-Aki*, *Biyem-Yema-Minkour*.

O mundo, para os Fangs, se divide em "mundo dos imortais" (ancestrais), dos "mortais" e o mundo real (da natureza). Em sua cosmogonia é difícil separar as noções de Mundo, Vida e Força Suprema. As três noções se entrecruzam numa concepção totalizante do mundo, que inclui ao mesmo tempo metafísica e espiritualidade, a inteligência, a razão e a intuição.

---

20. Blandine Enconga Bikoro, "Cosmologie Bantou: origine de la vie, du monde e de Dieu chez les Fang" [Cosmologia Banto: a origem da vida, do mundo e de Deus entre os Fang]. *Muntu*, pp. 105-119.

MANDINKA

Os Mandinkas, ou Mandingas, formam um dos mais importantes grupos étnicos da África Ocidental, espalhando-se de forma mais significativa pelos atuais Mali, Senegal, Guiné, Gâmbia, Níger, Mauritânia, Burquina Faso e Costa do Marfim. Pertencem ao grupo linguístico mandé (como os Bozos, Bambaras e Diolas).

O apogeu da civilização mandinka se estabeleceu durante a vigência do Império do Mali (entre os séculos XIII e XVI), com especial destaque para o reinado de seu fundador, Sundiata Keita, cuja epopeia é das mais propaladas da história africana.

Na organização da sociedade mandinka, as instituições devem funcionar a partir do pressuposto de que a instância comunitária sempre é mais importante que os interesses individuais.

No Império do Mali, o poder político propriamente dito (*mansaya*) conviveu com a força da autoridade familiar (*fasya*). Ao poder da autoridade familiar, exercido pelos chefes de família, cabia estabelecer regras para o uso da terra e dos recursos da natureza, com a finalidade última de garantir que a coletividade estivesse fisicamente protegida e sempre bem alimentada.

O poder político, em todas as suas instâncias decisórias, era exercitado primordialmente segundo a sabedoria dos ancestrais (*farinya*), ritualisticamente consultados. O poder despótico da força (*faamaya*) sempre deveria se submeter ao poder primordial da ancestralidade, atuando em consonância com este e sendo fundamental para a sua manutenção.

Os Mandinka acreditam que o mundo terrestre – Dunya – não nasceu como uma criação, mas como um parto, em que todas as possibilidades de sensações e elementos que marcam um nascimento (amor, dor, angústia, incerteza, alegria, risco, luz, água) se apresentam. A gênese do mundo é, em larga medida, violenta. Neste sentido, a violência é vital e vista como uma necessidade cosmogônica criadora. A outra grande potência criadora é a palavra. A guerra e a palavra, além de criadoras, são ordenadoras das sociedades. O mundo não é humano, ele é primordialmente sobrenatural, mas se manifesta como um espaço para o acolhimento dos homens.

Um detalhe importante sobre os Mandinkas diz respeito ao papel crucial da mulher como propagadora da cadeia ancestral através da oralidade. Na organização social, as *jeliyas* são mulheres que, desde jovens, aprendem e transmitir pelo canto as histórias dos ancestrais, para que delas a comunidade tire lições e modelos de conduta exemplares.

MAKONDE

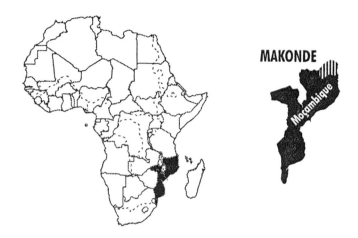

Os Makondes (conhecidos em épocas antigas também como Vandones e Mavias) são bantos. Vivem predominantemente no sudoeste da Tanzânia e no nordeste de Moçambique, no planalto de Mueda. Acredita-se que sua origem tenha se estabelecido a partir do encontro, em tempos remotos, de diferentes grupos que se refugiaram nas terras altas do nordeste moçambicano. São conhecidos, sobretudo, pela excelência de sua arte, que guarda sentidos profundos de reflexão sobre os fenômenos do homem e da natureza.

A visão de mundo dos Makondes, que repercute fortemente na organização social do povo, está expressa na importância da ancestralidade e na fusão entre o poder político e a capacidade do controle, por procedimentos rituais, de elementos sobrenaturais e forças da natureza. Os antepassados divinizados por seus feitos (mulheres ou homens) eram retratados em estatuetas conservadas nas casas – fato que proporcionou o desenvolvimento de esculturas sofisticadas em relação à reprodução das formas humanas.

Da mesma maneira, os Makondes concebem a ideia de que há um grande Espírito Humano – feminino ou masculino – que se manifesta de forma viva e proporciona o equilíbrio entre homens, mulheres e crianças. Este Espírito Humano é o *mapiko*, e ele se manifesta em arte, dança, representação dramática, música e performance mascarada.

O Espírito Humano se apresenta ao grupo na forma de incógnitos dançarinos mascarados (que utilizam máscaras de madeira com uma única abertura), em ciclos de festas.

Segundo os Makonde, o *lipiko* (mascarado, singular de *mapiko*) original era um *lihoca* (morto), que surgia da terra, invocado pelo chamado da palavra (fundadora da vida) e dos tambores (fundadores da festa). As mulheres e crianças temiam o *lipiko*, até perceberem que ele era um elemento da comunidade, em contato encarnado com o grande Espírito Humano.

Todo Makonde se compreende como ligado por esse Espírito, que só pode ser compreendido se exteriorizado ritualística e artisticamente. Daí, vem o sentido transcendente da criação artística. Além disso, os Makondes concebem o corpo vivo como algo que precisa ser marcado, para que adquira poderes sobrenaturais e represente a dualidade entre o indivíduo – que possuirá escarificações e tatuagens próprias – e a comunidade, que o concebe como um ser individual e, ao mesmo tempo, como um membro do grupo.

IGBO

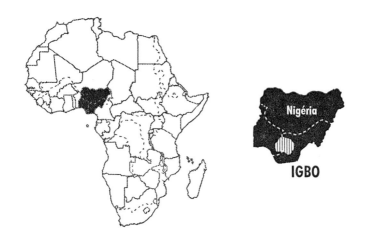

Os Igbos constituem um dos maiores grupos étnicos africanos, se espraiando entre o sul e o sudeste da Nigéria e parte dos territórios de Camarões e da Guiné-Equatorial.

Os Igbos elaboraram uma visão tradicional de mundo e da criação fundamentada na existência de Chukwu, uma divindade que não é compreensível aos mortais e se expressa como uma inteligência imaterial que arquitetou a criação nos mínimos detalhes.

Abaixo de Chukwu existem os Alusi, divindades menores que se manifestam materialmente em elementos da natureza e atributos de regulação da vida na terra. Os Alusi podem ser masculinos e femininos, de forma que garantam o equilíbrio através de energias complementares. Entre os masculinos, se destacam Igwekaala (o dono do céu e do firmamento), Amadioha (o senhor do trovão), Ahobinagu (o senhor da floresta), Nkoju Ji (o senhor do inhame) e Ogbunabali (o senhor da

FILOSOFIAS AFRICANAS: UMA INTRODUÇÃO

morte). Entre as forças femininas, se destacam Ani (a senhora da fertilidade da terra), Idemili (a senhora dos rios) e Anyanwu (a senhora do sol). São femininas também as forças que estabelecem o sentido de direção no mundo visível, firmado pela posição das estrelas no céu: Eke (leste), Orie (oeste), Afo (norte) Nkwo (sul).

Os Igbos entendem o cosmos como um espaço infinito e elástico, formado por elementos visíveis e invisíveis. Entre os seres humanos e o grande criador, se manifestam, além dos Alusi, os ancestrais, aqueles que tiveram uma vida honrada, condizente com as expectativas da comunidade, e por isso se tornam modelos de conduta e observadores de tudo que acontece no mundo visível.

O próprio Ser Supremo colocou no mundo as forças malignas, que buscam o tempo todo atentar contra a criação. As forças malignas, neste sentido, são necessárias para que haja harmonia entre as dualidades que estimulam o desenvolvimento do Universo. Só existe a noção do bem, porque o mal anda sempre à espreita.

Além da interação com o sobrenatural, os Igbos creem que cada ser humano é acompanhado ao longo da sua vida por uma energia espiritual chamada *chi*. Essa energia exercerá o papel de tutora da pessoa ao longo de sua vida e a dotará de força e prestígio se a boa conduta for o seu procedimento.

10. CONCLUSÃO

A SABEDORIA DAS ÁRVORES

Para fechar este livro, nos ocorre lembrar que existe no Sahel, região africana de transição entre a savana e o deserto, uma árvore conhecida pelos Hauçás como *gao*. Para nós, do Brasil, é uma acácia. Em seu livro *A geografia da pele*, o agrônomo Evaristo de Miranda descreve seus dez anos de trabalho na região e relata que o *gao* é uma espécie de árvore do contra, capaz de subverter o padrão normativo do grupo.

Na estação das chuvas, quando o verde toma conta da vegetação e as árvores vivem a florada esplendorosa, o *gao* perde as folhas, se acinzenta, murcha adormecido. Quando, todavia, a seca chega e a estiagem é inclemente, só essa acácia esverdeia; florescendo exuberante em meio ao cinza que parece mundo morto.

Os africanos do Sahel veneram o *gao*, visto como uma árvore sagrada, silenciosa e capaz de ensinamentos prodigiosos, inclusive para a conduta das comunidades. A acácia africana tem a ousadia de ser cinza quando o que se espera dela é o verde, e

FILOSOFIAS AFRICANAS: UMA INTRODUÇÃO

de verdejar quando tudo se acinzenta. Nos tempos difíceis, é ela que dá a sombra para os rebanhos e alimenta o gado com as folhas das extremidades de seus galhos.

Os baobás são muito maiores que as acácias. Verdadeiros templos encantados, os Hauçás os conhecem como *kukas*. Em regiões ao sul do Saara, algumas etnias sedentárias chegavam a usar os baobás como túmulos dos griôs, os contadores de histórias responsáveis pela memória ancestral e pela manutenção, desta forma, dos laços de coesão do grupo. O baobá é a árvore da permanência, da ancestralidade e da continuidade da vida pela palavra.

Para os Hauçás do Sahel, o equilíbrio entre o padrão normativo do *kuka* e a ousadia do *gao* permite a continuidade dinâmica da vida comunitária, em conexão com as Forças Vitais que alimentam incessantemente o ser em sua aventura neste e nos outros mundos.

É isso que o Espírito Africano sempre afirma.

ANEXOS

A SABEDORIA DOS PROVÉRBIOS

No patrimônio imaterial de um povo, representado pela riqueza tradicional acumulada desde os primórdios de sua consciência, os provérbios costumam representar momentos de alta sabedoria. Na profundidade das sínteses, essas expressões do pensamento contêm, em geral, a essência dos ensinamentos indispensáveis à vida, ou seja, o sumo da filosofia das sociedades que os criaram. Por isso, apresentamos a seguir uma relação de provérbios, categorizados de acordo com as regiões africanas de suas respectivas origens.[21]

---

21. Provérbios adaptados por Nei Lopes a partir de seu livro *Kitábu: o livro do saber e do espírito negro-africanos*.

A SABEDORIA DOS PROVÉRBIOS

África Centro-Ocidental: Angola, Congo, Congo-Kinshasa, Camarões, Gabão.

» Se você não pisar no rabo de um cachorro, ele não morderá você.

» Quando a videira entrelaça seu telhado, é hora de cortá-la

» Quem faz perguntas não pode dar respostas.

» A enchente leva para dentro; a maré vazante leva para fora.

» É tentando muitas vezes que o macaco aprende a pular da árvore.

» Coração de sábio mente tranquilo como córrego límpido.

» O saber é melhor que a riqueza.

» A chuva não cai num telhado só.

» O que se diz a um leão morto não se diz a ele vivo.

» A criança é a recompensa da vida.

» Estar bem-vestido não impede ninguém de ser pobre.

» As bananas crescem pouco a pouco.

» Quanto mais cheio o rio, mais ele tenta crescer.

» Não jogue fora o rabo de um gorila antes de ver se ele está morto mesmo.

» Amor é como criança: precisa muito de carinho.

» Os dentes estão sorrindo, mas o coração está?

» A um gorila velho não se ensinam os caminhos da floresta.

FILOSOFIAS AFRICANAS: UMA INTRODUÇÃO

» Um pouco de delicadeza é melhor que muita força.

» O homem é igual a vinho de dendê: quando novo, é doce, mas sem força; quando velho, é forte, mas rascante.

» Quem quiser unir pessoas deve dizer a elas para brigarem.

» Os amigos dos nossos amigos são nossos amigos.

» O tronco fica dez anos na água, mas nunca será um crocodilo.

» A morte não emite som de trombeta.

» Quando a abelha entra na sua casa, deixe-a beber sua cerveja: você pode querer visitar a casa dela um dia.

» Não importa se a noite é longa, pois o dia sempre vem.

» Quem não tem defeitos tem vida eterna.

» Um bracelete só não retine no braço.

» O sono é primo da morte.

» Carne de bicho novo, gosto sem graça.

» Os ausentes estão sempre errados.

» Carne, para que os amigos cheguem! Calúnia, para que fujam!

» Montei num elefante, os amigos chegaram; morreu o elefante, os amigos se foram.

» Montados num elefante ou montados num tambor, os amigos estão sempre ao redor.

» O elefante não sente o peso da própria tromba.

A SABEDORIA DOS PROVÉRBIOS

» Uma das mãos lava a outra, as duas lavam o rosto.

» Quem come à mesa tem que usar camisa limpa.

» O importante é a fala e não a tosse.

» Entre o parente e o amigo, confia em quem dá abrigo.

» A paciência alimenta, a preguiça não sustenta.

» A fama do feiticeiro se faz no próprio terreiro.

» Quem se coça, cedo ou tarde, vai ter ferida que arde.

» Barba de homem de respeito se puxa com jeito.

» Quem nunca teve desgosto não pranteia o mal dos outros.

» Dá esteira ao linguarudo, mas não lhe franqueie tudo.

» Ave no cano da arma é difícil alvejar.

» Quem sofre na casa-grande se desforra na senzala.

» Mais vale a prudência que o feitiço.

» A cabra come o capim que lhe apetece.

» Ao bom dançador o que faz dançar é o tambor.

» O que o coração guarda a boca não fala.

África Ocidental: Guiné, Nigéria, Gana, Benin, Níger

» Os provérbios são filhos da experiência.

» O provérbio é o cavalo da conversa: quando a conversa fica cansada, o provérbio a carrega na garupa.

FILOSOFIAS AFRICANAS: UMA INTRODUÇÃO

» Um homem sábio, que conhece provérbios, supera todas as dificuldades.

» A chuva lava a pele do leopardo, mas não remove as pintas.

» Árvore que já foi queimada é mais fácil de derrubar.

» Quem conhece o seu marido é a mulher.

» Só depois de atravessar o rio é que se pode rir do crocodilo

» Quem está se escondendo não acende fogo.

» Uma mentira só estraga mil verdades.

» Homem rico pode vestir roupa velha.

» Se a floresta te abriga, não a chame de "selva".

» A fome tanto dá no escravo quanto no rei.

» A lua se move lentamente, mas atravessa a cidade.

» A ruína de uma nação começa nas casas do seu povo.

» Quando o galo está bêbado, ele esquece o gavião.

» O ódio é uma doença sem remédio.

» Se alguém já vem vindo, pra que dizer "venha cá"?

» Mesmo forte e vigoroso, nenhum velho dura muito.

» Um rei com bons conselheiros, o seu reinado é de paz.

» Quando o bobo aprende o jogo, os jogadores já se foram.

» O rico e o pobre, num jogo, não são parceiros jamais.

» O rio de águas tranquilas, esse é que é mais perigoso.

» Seguindo a trilha do pai, se aprende a andar como ele.

A SABEDORIA DOS PROVÉRBIOS

» A mulher quando tem fome, pede comida para os filhos.

» O que é má sorte para um é boa sorte para outro.

» O tolo, ouvindo um provérbio, tem que ouvir a tradução.

» Quem não pode dançar diz que a música é ruim.

» Quem vive dando banquete não vai nunca ficar rico.

» Quem trabalha por dinheiro nunca se envergonha dele.

» O dinheiro é traiçoeiro, feito espada de dois gumes.

» O rico é sempre odiado; e o pobre desprezado.

» Macaco velho casa é com macaca velha.

» O fogo e a pólvora não dormem na mesma esteira.

» Não se vê se um rio é fundo botando nele os dois pés.

» Dois antílopes pequenos podem bater num maior.

» Se não houvesse elefante, o búfalo seria o rei.

» O filho do caranguejo nunca vai ser passarinho.

» Quem não pesca peixe come pão puro.

» Depois de a ave crescida, não dá pra mudar seu voo.

» Discussão demais é briga certa.

» Carinho só é bom de parte a parte.

» Amizade pra ficar é a que recebe e dá.

» Se não tem dois não tem briga.

» Dois sabores na cuia confundem o paladar.

» Quem fala sem parar fala besteira.

FILOSOFIAS AFRICANAS: UMA INTRODUÇÃO

» Um pequeno bolor estraga toda a massa.

» Mosquito morde o vizinho, mas nunca vai me picar.

» Um filho desnaturado desonra o nome da mãe.

» Chuva fina, mas constante, faz o rio transbordar.

» Quem faz casa na floresta não mede o tronco que usa.

» O dendezeiro já está grande; mas quem sabe se vai dar bons frutos?

» Ver é muito melhor que ouvir.

» O mal sabe onde o mal se esconde.

» Quem está doente do corpo nunca rejeita remédio.

» Atrás de todo homem rico há sempre um grande cortejo.

» O doente agonizante não tem remédio que o cure.

» Tem ave que evita a água; pato não vive sem ela.

» O dia em que alguém partiu não é dia de boas-vindas.

» O telhado protege a casa; mas ele nem sabe disso.

» Quem não tem olhos diz que olhos cheiram mal.

» Quem vai nos ombros dos outros não sente a longa distância.

» Quem se livra do cupim não está livre da formiga.

» A pedra do rio não sabe como a da montanha é quente.

» Caolho quando vê um cego dá graças a Deus.

» As pernas dos outros não te ajudam a viajar.

» Boas palavras não enchem barriga.

A SABEDORIA DOS PROVÉRBIOS

» Se o touro vem pra cima, deite-se!

» O gavião voa alto, mas sempre volta pra terra.

» De quem levanta muito cedo o orvalho molha a cabeça.

» Quando o rato ri do gato, há um buraco por perto.

» Criança falou bobagem, é porque ouviu em casa.

» Quem põe navalha na boca acaba cuspindo sangue.

» Não saber é ruim; não querer saber é pior.

» Quem atira antes mira.

» Quem está em maus lençóis sempre se lembra de Deus.

» Carne não come carne.

» Antes de curar os outros, cura-te primeiro!

» O pastor não maltrata suas ovelhas.

» Por mais que um pássaro beba, um elefante bebe mais.

» Primeiro cresce a cabeça, depois é que o chifre nasce.

» O tempo tudo destrói.

» A terra é a rainha das camas.

» Uma remada aqui, uma remada ali, a canoa vai seguindo.

» Por mais cheio que esteja o terreiro, a galinha sempre se ajeita.

» Um macaco é que entende o outro.

» Quem trepou numa árvore não desce de outra.

» Peixe grande se pega é com grande isca.

» Quem recusa presente não enche o celeiro.

FILOSOFIAS AFRICANAS: UMA INTRODUÇÃO

» As brigas acabam, mas as ofensas nunca morrem.

» Se só caiu um cabelo, ainda não é careca.

» Quem desarruma tem que saber arrumar.

» A vaca só pasta onde está amarrada.

» Laranjeira nunca vai dar limão.

» Abra a sala às visitas e elas virão para o quarto.

» Comida boa acaba logo.

» Cabeça de elefante não é pra criança carregar.

» O homem que te transporta, se tem catinga, ignore!

» Cachorro que anda é que encontra osso.

» Tentar e falhar não é preguiça.

África Oriental: Etiópia, Somália, Quênia, Tanzânia

» Para o homem da cidade, um jardim é uma floresta.

» Para o apaixonado, o abismo é um verde prado.

» O tolo procura esterco onde o boi nunca pastou.

» Pasto verde, gado gordo.

» O mal entra como agulha e alastra como capim.

» Um amigo próximo pode ser o próximo inimigo.

» Tudo o que é muito inflado, chega um momento, arrebenta.

» Pés impacientes dão na cova da serpente.

A SABEDORIA DOS PROVÉRBIOS

» Covarde sua até dentro da água.

» Cobra aos seus pés, bastão na mão!

» Testemunha de rato é outro rato.

» Quem aprende ensina.

» O tolo casa boi com elefante.

» Quem corre sozinho não é ultrapassado.

» O cacto só é azedo para quem prova.

» A rã quis ser grande como o elefante: explodiu.

» Quem fica curado se esquece de Deus.

» Quem vive no oco do pau é cupim.

» Coração triste, lágrimas no rosto.

» Se você não chamar, quem abre a porta?

» Os chifres do boi não o incomodam.

» Trabalho em dia santo não enriquece; comida em dia de jejum não engorda.

» Quando o coração transborda, sai pela boca.

» Ninguém constrói uma casa sabendo que está no fim.

» Teias de aranha unidas podem laçar um leão.

» Quem busca peixe em loca pode achar cobra.

» Contar segredo a um indigno é levar sementes em saco furado.

» Dente podre só para de doer arrancado.

» Casa sem mulher é celeiro sem rebanho.

FILOSOFIAS AFRICANAS: UMA INTRODUÇÃO

» Quem fica sentado está sendo mutilado.

» O tolo fala, o sábio ouve.

» O gato pode entrar num mosteiro, mas mesmo assim ele é um gato.

» Se minha vaca está no céu, não posso beber seu leite.

» A mesa do estranho é boa, mas a do lar é melhor.

» Modéstia demais vira fome.

» Se ofender, peça perdão; se ofendido, perdoe.

» Quem esconde que está doente não espera ser curado.

» O tolo e a água se desviam do caminho.

» Onde não há pudor, não há honra.

» Só a filha tola diz à mãe como criar seus filhos.

» A adversidade é a melhor conselheira.

» Antecipe o que é bom para que possa desfrutá-lo.

» Quem se veste às pressas fica nu mais cedo.

» A vaca pariu uma chama: quando foi lamber a cria, ela se queimou, e quando quis apagá-la, o amor de mãe falou mais forte.

» Pra quem não tem casa, viver é inútil.

» Quem separa o seu quinhão sempre guarda a melhor parte.

» Quem ainda não sabe andar não pode subir escada.

» O tolo ouve a maldição como uma bênção.

A SABEDORIA DOS PROVÉRBIOS

» Na velhice é mais fácil virar monge.

» "Aleluia" toda hora nunca foi prova de fé.

» Quando diz que é para o filho, todo pobre ganha esmola.

» O que se jogou no lixo não se encontra novamente.

» O tolo sente sede no meio do rio.

» Língua de covarde queima até manjar gelado.

» O que se espera é sempre melhor do que o que se tem.

» A ferida inflama o dedo, o pensamento inflama a mente.

» Quem vive com burro zurra igual a ele.

» Mexa seu pescoço no ritmo da música.

» Morre um, nasce outro: a terra aumenta.

» No mar ninguém precisa plantar água.

» Quem não faz barba não corta o rosto.

» Roubou uma vez, vai ser sempre suspeito.

» Quem não tem amizades é pobre de verdade.

» A precaução é prima da covardia.

» A pobreza escraviza.

» Sabedoria não vem da noite para o dia.

» Quem tem os olhos abertos não pisa em rabo de cobra.

» Um irmão é um ombro.

» O lar do homem é onde o homem leva a vida.

» O único mal que o cupim faz a uma pedra é lambê-la.

África Austral: Zimbábue, Malauí, Suazilândia, África do Sul e vizinhanças.

» É melhor dedos amarrados do que cortados.

» Palma da mão coçou, sorte grande a caminho

» Doença em quarto minguante; cura na lua-nova.

» Quando a lua não é cheia, as estrelas brilham mais.

» Quem caça dois ratos não pega nenhum.

» Quem queima uma casa não oculta a fumaça.

» Flor de morango não adoça pão seco.

» Quando o dono está ausente, as rãs pulam para dentro da casa.

» Quem é mordido por cobra tem medo até de minhoca.

» Indecisão é como enteado: se ele não lava as mãos, é porco; se lava, está gastando água demais.

» O boi acaba num bife, a mentira acaba em mágoa.

» Cão dormindo não se chuta.

» Tristeza é rico tesouro: só se mostra aos amigos.

» Amor é como arroz novo: mesmo ceifado ainda cresce.

» Latido de cão, mesmo fraco, assusta.

» A vida é sombra e neblina: vem e passa num instante.

» Enquanto a boca está cheia não se morde outro bocado.

» Quem atravessa o rio em bando nao tem medo de crocodilo.

A SABEDORIA DOS PROVÉRBIOS

» Quem lava os outros com sabão vai se gastando também.

» Flecha pequena não mata cobra grande.

» Mosquito é que pica o dono da casa onde mora.

» Língua usada como faca acaba cortando os lábios.

» Macaco não vê seu rabo, mas enxerga o do vizinho.

» Quando leão não está, qualquer um come os filhotes.

» Em um tribunal de aves, barata não ganha causa.

» Se você está construindo uma casa e um prego quebra, você para de construir ou troca o prego?

» Depois que o rato passou, não se prepara armadilha.

» Atrás da insensatez vem o remorso.

» Quem foi chifrado por búfalo não pode ver boi preto.

» Quem recebe presente não pergunta o preço.

» Quem não sabe uma coisa sabe outra.

» Cachorro branco não morde cachorro branco.

» Antes de falar, pensa-se primeiro.

» Bracelete apertado, mesmo brilhando, a gente joga fora.

» Tire a faca da mão da criança, mas dê uma lasca de madeira.

» Um dedo sozinho não mata nem piolho.

» Quem não sabe dançar diz que o chão tem pedras.

» Se alguém maltratou teu bode, não lhe mate o boi.

» Pessoa atenta não se lamenta.

FILOSOFIAS AFRICANAS: UMA INTRODUÇÃO

» Coração ausente, o outro esquece.

» Árvore podre caindo leva sempre uma boa.

» Tudo o que se fala tem dois significados.

» Não se mata a avezinha diante da ave mãe.

» Toda cura tem seu preço.

» Saber é uma coisa, ver é outra.

» O neto é que cuida do avô e não o avô do neto.

» Um trovão não é chuva ainda.

» Rapidamente encontrado, rapidamente perdido.

» Questões de casa não se discutem na praça.

» O bom painço se vê é na colheita.

» Antes de consertar a cerca do vizinho, olhe a sua.

» Um carneiro não berra em dois lugares ao mesmo tempo.

» Até a noite escura tem ouvidos.

» A experiência é que faz do tolo um sábio.

» Não se faz roupa de bebê antes de ele nascer.

» No mundo toda coisa tem seu duplo.

» Não deixe o hóspede sujar a água do seu poço.

» A palavra é como pedra: se atirada, não tem volta.

» Caçador saiu, macaco come o milho e entra na cabana.

» Meia broa é melhor que nenhum pão.

» Quem tem chicote na mão não chama um cão.

A SABEDORIA DOS PROVÉRBIOS

» Cavalo que chega cedo bebe água limpa.

» Uma falta confessada é metade reparada.

» Quem cruza rio é para se molhar.

» No escuro ninguém vê o hipopótamo.

» O cavalo tem quatro pernas, mas assim mesmo ele cai.

» O figo mais bonito pode ter um bicho dentro.

» Quem vive num país tem que seguir seus costumes.

» O rico sempre se queixa.

» Formiga também morde elefante.

NOTAS SOBRE ALGUNS PENSADORES AFRICANOS E AFRODESCENDENTES CONTEMPORÂNEOS

Achille Mbembe

Nascido na República dos Camarões, em 1957, Mbembe é historiador, cientista político, filósofo e ensaísta. Doutorou--se em História pela Universidade Paris-Sorbonne, em 1989. Foi professor em diversas universidades nos Estados Unidos. No momento em que escrevemos este livro, exerce o cargo de professor-investigador de História e Política no Instituto de Pesquisa W. E. B. Du Bois da Universidade Harvard.

Seus estudos, especialmente voltados para a História da África e o pós-colonialismo, procuram entender o continente africano a partir das relações estabelecidas nos níveis psíquico, semiótico, político e sexual com o resto do mundo.

Para Mbembe, o conceito de biopoder, desenvolvido por Michel Foucault, é um ponto de partida hoje insuficiente para a interpretação dos mecanismos contemporâneos de dominação. Segundo ele, à ideia de biopoder podemos acrescentar o conceito de *necropolítica*. Analisando os casos da África, da Palestina e do Kosovo, Mbembe propõe que enxerguemos o exercício do poder através da criação de zonas onde a morte se torna o último exercício de dominação e a principal forma de resistência.

Ama Mazama

Pensadora afrodescendente, nascida em Guadalupe e radicada nos Estados Unidos, é professora associada e diretora dos Programas de Pós-Graduação do Departamento de Estudos Americanos da África, na Universidade de Temple. Doutorou-se em Linguística pela Universidade de Paris III, a Nova Sorbonne, aprofundando seus estudos sobre a influência da língua africana, sobretudo do tronco banto, na língua crioula de Guadalupe, a partir da dinâmica da diáspora para as Antilhas. Tem vasta obra publicada em livros e artigos. Ama Mazama é, também, uma Mambo, sacerdotisa do Vodu haitiano responsável pela preservação dos rituais e pela manutenção da potência da ligação entre os espíritos ancestrais e a comunidade.

Carlos Moore

Nascido em Cuba, em 1942, de família oriunda de diversas ilhas das Antilhas, radicou-se aos quinze anos em Nova York, onde começou a travar contato com pensadores afrodescendentes.

Retornou a Cuba logo depois da vitória do movimento revolucionário liderado por Fidel Castro, mas em 1963 deixou a ilha, radicando-se na França, manifestando descontentamento sobre como a revolução, naquele momento, tratava a questão racial.

Doutorou-se em Etnologia e em Ciências Humanas e, como militante negro, conviveu, entre outros, com Malcolm X, Anta Diop, Aimé Césaire, Walterio Carbonell e Abdias do Nascimento. Destacando-se como intelectual pan-africano, escreveu a biografia do músico nigeriano Fela Kuti.

Radicado desde 2000 no Brasil, é ainda autor de uma série de estudos críticos sobre a questão racial e o marxismo.

Cheikh Anta Diop

Nascido na região de Diourbel, no Senegal, em 29 de dezembro de 1923, Anta Diop mudou-se para Paris aos 23 anos, para estudar Matemática, com o objetivo de ser engenheiro. Concomitantemente, começou a estudar filosofia na Universidade Sorbonne e foi um dos criadores da Associação dos Estudantes Africanos. Após concluir os estudos de Filosofia, Diop passou a estudar Física. Neste período, traduziu fragmentos da *Teoria da Relatividade*, de Albert Einstein, para o wolof, seu idioma nativo.

Enveredando suas reflexões pelos campos da História e da Antropologia, concluiu em 1951 sua tese de doutorado, defendendo a hipótese de que o Egito Antigo era composto de africanos negros e que a cultura egípcia se difundiu pela África do Oeste. Inicialmente recusada, a tese foi publicada em livro, em 1955, com o título *Nations nègre et culture* [Nações negras e cultura], e finalmente defendida em 1960.

De volta ao Senegal, aprofundou seus estudos na Universidade de Dakar. Durante o Primeiro Festival de Artes Negras, em 1966, foi premiado como o escritor que mais influência exerceu sobre o pensamento africano no século XX. Escreveu, entre várias obras, o capítulo sobre as origens dos antigos egípcios na História Geral da África, da Unesco.

Falecido em fevereiro de 1986, foi sepultado em sua aldeia natal, Caytou.

Frantz Fanon

Psiquiatra e filósofo nascido na Martinica e falecido em Maryland (Estados Unidos), Frantz Omar Fanon (1925-1961) foi um dos mais importantes intelectuais afrodescendentes do século XX, sobretudo por seus estudos sobre descolonização e psicopatologia da colonização. Engajou-se na Guerra de Independência da Argélia contra a colonização francesa e uniu o ativismo a importantes contribuições no campo do pensamento, especialmente nos livros *Pele negra, máscaras brancas* e *Os condenados da terra*.

Henry Odera Oruka

Filósofo queniano, Odera Oruka (1944-1995) dedicou suas reflexões à filosofia africana contemporânea. Propôs a compreensão do pensamento africano a partir de seis tendências: etnofilosofia, filosofia nacionalista, sagacidade filosófica, filosofia profissional, filosofia hermenêutica e filosofia literário-artística.

FILOSOFIAS AFRICANAS: UMA INTRODUÇÃO

Maulana Karenga

Nascido em 1941, em Maryland (Estados Unidos), com o nome de Ronald McKinley Everett, em família protestante. Aos 18 anos mudou-se para Los Angeles, entrando em contato com ativistas dos direitos civis. Estudou Ciência Política na Universidade da Califórnia e passou a se dedicar aos estudos sobre a cultura, a história e a filosofia africanas. Adotou, recusando o eurocentrismo, o nome swahili de Maulana (professor) Karenga (o detentor da tradição).

Militante ativo e escritor prolífico, Karenga é autor de numerosos artigos e livros acadêmicos, incluindo *Maat, the Moral Idea in Ancient Egypt: A Study in Classical African Ethics* [Maat, o ideal moral no Egito Antigo: um estudo em etica clássica africana] e *Kwanzaa: Origin, Concepts, Practices* [Kwanzaa: origem, conceitos e práticas].

Mekada Graham

Doutora em Políticas Públicas pela Universidade de Hertfordshire, tem vasta pesquisa sobre questões raciais e perspectivas afrocentradas na área do serviço social, com recorte especial no campo da infância e da filosofia da educação. Estuda questões de desigualdade social baseadas em interseções de gênero, raça, classe, etnia e diversidade cultural, mostrando como o racismo enquanto contrução social abala a autoestima das crianças afrodescendentes.

Molefi Kete Asante

Nascido na Geórgia (Estados Unidos), em 1942, trabalhou quando criança em plantações de fumo e algodão. Estudou em colégios protestantes para estudantes negros e envolveu-se, no início dos anos 1960, com o movimento afro-americano de luta pelos direitos civis.

Asante ingressou na Universidade de Búfalo e publicou seu primeiro estudo sobre o movimento negro, *Rhetoric of Black Revolution* [Retórica da revolução negra], em 1969. Posteriormente, escreveu a *Transracial Communication* [Comunicação transracial], para explicar como a questão racial dificultava a interação na sociedade americana.

Em 1980, publicou *Afrocentricity: the Theory of Social Change* [Afrocentricidade: teoria da mudança social], propondo uma ruptura radical com o passado em que os afro-americanos não tinham um sentimento de centralidade histórica e que lhes introjetava a noção de inferioridade cultural, difundida pelo colonialismo. Passou a pesquisar a tensão entre a hegemonia cultural branca e a cultura africana oprimida, destacando a falta de consciência vitoriosa entre os africanos, um tema trabalhado em sua obra filosófica principal, *The Afrocentric Idea* [A ideia afrocêntrica], de 1988.

Muniz Sodré

Baiano de São Gonçalo dos Campos, nascido em 1942, Muniz Sodré é mestre em Sociologia da Informação e Comunicação pela Universidade Paris-Sorbonne, doutor em Letras e livre-docente em Comunicação pela Universidade Federal do Rio de Janeiro. Tem mais de trinta livros publicados nas áreas de Comunicação e Cultura. Desenvolve, ao lado dos estudos fundamentais sobre comunicação e contemporaneidade, importantes reflexões sobre a potência das formas culturais de matriz africana como antíteses de uma visão homogeneizadora do mundo fundamentada na modernidade europeia.

Reiland Rabaka

Nascido em 1972, é crítico cultural, músico, poeta e presidente do Departamento de Estudos Étnicos; professor de Estudos Africanos, Afro-Americanos e Caribenhos na Universidade do Colorado. Dentre seus principais livros, destacam-se obras sobre a tradição cultural africana; o pensamento africano e afrodiaspórico de Du Bois, Fanon e Amílcar Cabral; e a música negra norte-americana, sobretudo o blues e o hip-hop.

GLOSSÁRIO

Akan
Denominação de um conjunto de povos da África Ocidental que se estendem hoje, sobretudo, entre Gana e a Costa do Marfim.

Ásia Menor
Conhecida também pelo nome grego de Anatólia, é uma península entre a Europa e a Ásia banhada ao norte pelo mar Negro, ao sul pelo mar Mediterrâneo e a oeste pelo mar Egeu. Desde 1923 é a parte asiática da República da Turquia.

Axânti
Um dos povos Akan, de Gana. O Império Axânti, independente entre 1701 e 1896, estendeu-se de Gana até regiões atuais da Costa do Marfim e de Togo. São bastante conhecidos pela produção de joias em ouro e do Kente, um tipo de tecido de algodão ou seda com variados motivos geométricos. Kwame Nkrumah, presidente de Gana entre 1955 e 1966, popularizou o uso do Kente, que passou a ser um tecido simbólico da luta pan-africana.

Ayê
Para os Iorubás é o mundo físico, material, em interação com o Orum, o mundo espiritual.

Babalaôs

Sacerdotes responsáveis pelo culto iorubano aos orixás, especializados na interpretação das respostas do oráculo Ifá (sistema divinatório regido pela divindade Orunmilá). Encontram-se muito presentes também nas espiritualidades africanas redefinidas na diáspora. A tradição sobre a implementação dos primeiros terreiros de candomblé de origem nagô no Brasil aponta para o papel fundamental dos babalaôs oriundos da costa africana. Nos relatos sobre a fundação da Casa Branca do Engenho Velho, na década de 1830, em Salvador, se destaca a famosa viagem de Iya Nassô ao continente africano, da qual teria retornado acompanhada por Rodolfo Martins de Andrade, o babalaô Bamboxê Obitikô. Outro babalaô, Martiniano Eliseu do Bonfim, o mais famoso da Bahia em seu tempo, teve papel crucial na formação da comunidade de culto Ilê Axé Opô Afonjá.

Apesar do papel fundamental na estruturação do culto, a figura do babalaô foi perdendo espaço no Brasil, até chegar praticamente a desaparecer. Nas duas últimas décadas do século XX, entretanto, os babalaôs voltam a ser ativos personagens da religião de orixá no Brasil, com destaque maior para a tradição nigeriana em São Paulo e para a tradição cubana no Rio de Janeiro.

Bambaras

Povo africano com forte presença no Mali, se estendendo também pelo Senegal, pelo Burkina-Faso e pela Guiné.

Casamance

Região do Senegal situada entre o norte da Guiné-Bissau e o sul da Gâmbia.

Ebó

Podemos entender por ebó qualquer oferenda ritualística ou sacrifício que busque a conexão com os orixás ou com os ancestrais como forma de agradecimento, ou com a intenção de obter auxílio que possa resolver problemas, fortalecer a espiritualidade etc.

Escola de Alexandria

Nome que se dá a uma instituição e a um conjunto de saberes que ela produziu ligados à filosofia, medicina, matemática, gramática, astronomia, literatura, teologia etc. Por cerca de 700 anos, entre o século III a.c. e o século IV d.C, foi muito atuante.

Fang

Grupo banto que se espraia entre a Guiné Equatorial (onde são maioria), o Camarões e o Gabão. São conhecidos como exímios talhadores de madeira – em especial o jacarandá, o mogno e o ébano – e produtores das máscaras Ngil, utilizadas em cerimonias iniciáticas, que chegaram a inspirar declaradamente artistas das vanguardas europeias, como Pablo Picasso.

Hauçás

Povo do Sahel que ocupa, sobretudo, regiões entre o norte da Nigéria e o sudeste do Níger. São predominantemente muçulmanos.

Helênicos

Referente ao período helenístico. Fase da história da Grécia e de parte do Oriente Médio que estende-se desde a morte de

Alexandre o Grande (323 a.C) até a conquista romana da península grega, em torno de 146 a.c. Na filosofia, o período se caracterizou pelo surgimento de importantes escolas filosóficas, como o estoicismo – corrente que defendia a importância do autocontrole para superar emoções que podem destruir o ser humano – e o epicurismo – corrente que buscava, baseada no pensamento de Epicuro, evocar o controle do medo e os prazeres moderados como caminhos para a felicidade e a vida tranquila.

Hicsos
Grupo misto semita-asiático que ocupou o norte do Egito no século XVIII a.C. Provavelmente se deslocaram até o Egito para buscar terras férteis imunes à seca. Chegaram a governar o Egito, derrotando os egípcios do Delta do Nilo, como a 15ª dinastia.

Kongo (grupo)
Numeroso povo Banto, subdividido em diversos grupos falantes do idioma quicongo e suas variações dialetais, habitante da extensa região que abrange o norte de Angola, parte da República do Congo, da República Democrática do Congo, da Zâmbia e do Sul do Gabão. Também conhecidos como bacongos ou congos.

Luba
Povo que ocupa regiões entre o alto Kasai e o lago Tanganica no sul da República Democrática do Congo; especialmente na região de Catanga. São conhecidos como exímios artesãos, mineiros, ferreiros e ceramistas.

GLOSSÁRIO

Núbia

Região do Vale do Nilo. Acredita-se que a antiga civilização núbia tenha se estruturado por volta de 4.000 a.C, no Saara. São os responsáveis pela construção de diques e canais de irrigação no Vale do Rio Nilo. Esta tecnologia evitava inundações do Nilo durante as cheias e permitiam o desenvolvimento da agricultura. Por volta de 2.000 a.C, os núbios se unificaram em torno do Reino de Cuxe, um dos primeiros reinos negros africanos, tendo Napata como sua capital.

Tebas

Cidade do Antigo Egito, situada ao sul de Alexandria, perto da atual cidade de Luxor. Originalmente chamava-se Uaset. Quando Alexandre Magno conquistou a região, e sobretudo a partir da Dinastia Ptolemaica (Ptolemeu foi um dos generais de Alexandre), passou a se chamar Tebas, em referência à cidade grega destruída pelos macedônios na Batalha de Queroneia (338 a.C). Em 1979, a UNESCO deu a Tebas e a necrópole onde seus reis estão enterrados o título de Patrimônio Mundial.

Yatenga

Reino formado pelos povos Mossi, que por volta do século XI migraram do norte de Gana para Burkina-Faso. Além de Yatenga, os Mossi fundaram reinos como o de Uagadugú, Gurma e Mamprussi. Ainda que dotados de grande autonomia, os reinos reconheciam a autoridade espiritual e política do maior dos reis, o Moro Naba.

REFERÊNCIAS BIBLIOGRÁFICAS

ABIMBOLA, Wande. "The Concept of Good Character in Ifá Literary Corpus". In ASANTE, Molefi Kete; ABARRY, Abu S. (orgs.). African Intellectual Heritage: A Book of Sources [Herança intelectual africana: um livro de fontes]. Filadélfia: Temple University Press, 1996.

ACHEBE, Chinua. *O mundo se despedaça*. São Paulo: Companhia das Letras, 2009, p. 37.

ADÉKÒYÀ, Olúmúyiwá Anthony. *Yorùbá: tradição oral e história*. São Paulo: Centro de Estudos Africanos, USP, 1999.

AGUESSY, Honorat. "Tradition Orale et Structures de ensée: essai de méthodologie" [Tradição oral e estruturas de pensamento: ensaio metodológico]. In *Cahier d'Histoire Mondiale* [Caderno da História Mundial], Vol. XIV, n. 2. Califórnia: Unesco, 1972, pp. 269, 297.

_____. "Visões e percepções tradicionais". In SOW, Alpga I. *et al. Introdução à cultura africana*. Lisboa: Edições 70, 1980, pp. 95-136.

AKINJOGBIN, Isaac Adeagbo. "Le Concept de pouvoir dans l'Afrique traditionelle: l'aire culturelle yoruba" [O conceito de poder na África tradicional: a área cultural Iorubá]. In *Le Concept de pouvoir en Afrique* [O conceito de poder na África]. Paris: Les Presses de l'Unesco, 1981, pp. 9-27.

APPIAH, Kwame Anthony. *Na casa de meu pai: a África na filosofia da cultura*. Rio de Janeiro: Contraponto, 1997.

ASANTE, Molefi Kete. "Afrocentricidade: notas sobre uma posição disciplinar". In NASCIMENTO, Elisa Larkin (org.). *Afrocentricidade:*

uma abordagem epistemológica inovadora. São Paulo: Selo Negro, 2009. pp. 93-110,

_____. *The Afrocentric Idea* [A ideia afrocêntrica]. Filadélfia: Temple University Press, 1998.

_____; ABARRY, Abu S. (orgs.). *African Intellectual Heritage: A Book of Sources* [Herança intelectual africana: um livro de fontes]. Filadélfia: Temple University Press, 1996.

_____; MAZAMA, Ama. "In the Final Analysis: Defending the Paradigm" [Na análise final: defendendo o paradigma]. In ASANTE, M. K.; MAZAMA, A. (orgs.). *Egypt vs. Greece and the American Academy* [Egito *vs.* Grécia e a academia estadunidense]. Chicago: African American Images, 2002, pp. 179-184.

BACHA, Lourdes Maria Silva. *Escritos do Antigo Egito*. Rio de Janeiro: Artium, 1997.

BAIRD, Keith E. "Commentary" [Comentário]. In CHUCKS-ORIJI, Ogonna (org.). *Names from Africa: Their Origin, Meaning, and Pronunciation* [Nomes da África: sua origem, significado e pronúncia]. Chicago: Johnson Publishing Co, 1972, pp. 75-86.

BALANDIER, G; MAQUET, J. *Dictionnaire des Civilisations africaines*. [Dicionário das civilizações africanas]. Paris: Ferdinand Hazan, 1968.

BARROS, Denise Dias. *Itinerários da loucura em territórios Dogon*. Rio de Janeiro: Editora Fiocruz, 2004.

BARSA, *Dicionário Barsa do meio ambiente*. São Paulo: Barsa Planeta, 2009.

BERNAL, Martin. *Black Athena: the Afroasiatic Roots of Classical Civilization*. Nova Jersey: Rutgers University Press, vol. I, 1987; vol. II, 1991.

REFERÊNCIAS BIBLIOGRÁFICAS

BHABA, Homi K. *O local da cultura*. Belo Horizonte: Editora UFMG, 1998.

BUAKASA, Tulu Kia Mpansu. "Croyances et Connaissances" [Crenças e conhecimentos]. In OBENGA, Th.; SOUINDOULA, S. Libreville (org.). *Racines Bantu* [Raízes banto]. Sépia, 1991, pp. 175-186.

DE LA TORRE, Inès. *Le Vodu en Afrique de l'ouest: rites et traditions* [Vodu na África Ocidental: ritos e tradições]. Paris: Editora L'Harmattan, 1991.

DIOP, Cheikh Anta. *Nations Nègres et Culture* [Nações negras e cultura], vol. 2. Paris: Présence Africaine, 1979.

ENGONGA BIKORO, Blandine. "Cosmologie Bantou: Origine de la vie, du monde e de Dieu chez les Fang" [Cosmologia banto: a origem da vida, do mundo e de Deus entre os Fang]. In *Muntu*, n° 6. CICIBA, 1987, pp. 105-119.

ESPINOSA, Félix; PIÑERO, Amadeo. *De Olófin al hombre: cosmogonía yoruba* [De Olófin ao homem: cosmogonia Iorubá]. Habana-CU: Ediciones Cubanas, 1997. (Coleção em 3 v.: Ifá y la creación; La leyenda de Orula; El hijo de Ifá).

FANON, Frantz. *Pele negra, máscaras brancas*. Salvador: EDUFBA, 2008.

FERREIRA, Aurélio Buarque de Holanda. *Novo dicionário da língua portuguesa*. Rio de Janeiro: Nova Fronteira, 1986.

FISHER, Robert B. *West African Religious Traditions: Focus on the Akan of Ghana* [Tradições religiosas da África Ocidental: Akan de Gana em foco]. Nova York: Orbis Books, 1998.

FU-KIAU, Kimnwandènde K. B. *Self-healing Power and Therapy* [Autocura, poder e terapia]. Nova York: Vintage Press, 1991.

GRANDE ENCICLOPÉDIA CULTURAL LAROUSSE. 24 vols. São Paulo: Nova Cultural, 1998.

FILOSOFIAS AFRICANAS: UMA INTRODUÇÃO

GRIAULE, Marcel. "Philosophie et Réligion des noirs" [Filosofia e religião dos negros]. In *Présence Africaine* Número especial 8-9, Paris: Presénce Africaine, 1950.

_____; DIETERLEN, Germaine. "Une Système Sudanais de Sirius" [Um sistema sudanês de Sirius], *Journal de la Société des Africanistes* [Jornal da sociedade de africanistas], tomo XX. Paris: 1950.

HARWOOD, Jeremy. *Filosofia: um guia com as ideias de 100 grandes pensadores*. São Paulo: Planeta, 2013.

HEGEL, G. W. Friedrich. *Filosofia da história*. Brasília: Editora da UnB, 1999.

HOUAISS, Antônio. *Dicionário Houaiss da Língua Portuguesa*. Rio de Janeiro: Objetiva, 2001.

KANT, I. *Observações sobre o sentimento do belo e do sublime*. Campinas: Papirus, 1993, pp. 75-76.

KARENGA, Maulana. *Selections from the Husia: Sacred Wisdom of Ancient Egipt* [Seleções da Husia: sabedoria sagrada do Egito Antigo]. Los Angeles: Universidade de Sankore Press, 1989.

LIMA, Vivaldo da Costa. *O culto aos santos gêmeos no Brasil e na África*. São Paulo: Corrupio, 2005.

LOPES, Nei. *Bantos, malês e identidade negra*. Belo Horizonte: Autêntica, 2008.

_____. *Dicionário da Antiguidade africana*. Rio de Janeiro: Civilização Brasileira, 2011.

_____. *Enciclopédia brasileira da diáspora africana*. São Paulo: Selo Negro, 2011.

_____. *Kitábu: o livro do saber e do espírito negro-africanos*. Rio de Janeiro: Senac, 2005.

REFERÊNCIAS BIBLIOGRÁFICAS

_____. *Ifá lucumi: o resgate da tradição*. Rio de Janeiro: Pallas, 2000.

LUCAS, Olumide J. *Yoruba Language: Its Structure and Relationship to Other Languages*. [A língua iorubá: sua estrutura e relações com outras línguas]. Lagos: Ore Ki Gbe Press, 1964.

_____. *The Religion of the Yorubas* [A religião dos Iorubás]. Lagos: C. M. S. Bookshop, 1948.

MBITI, John. *Religions et Philosophie Africaine* [Religiões e filosofia africana]. Yaoundé: Edições CLE, 1972.

MELLO E SOUZA, Marina. *África e Brasil africano*. São Paulo: Ática, 2006.

MERLO, Christian; VIDAUD, Pierre. *Unité des Langues Négro-Africaines* [Unidade das línguas negro-africanas]. Paris: G.P Maisonneuve et Larose, 1967.

MIRANDA, Evaristo. *A geografia da pele*. Rio de Janeiro: Record, 2015.

MUNANGA, Kabengele. *Rediscutindo a mestiçagem no Brasil*. Petrópolis: Vozes, 1999.

NASCIMENTO, Elisa Larkin; GÁ, Luiz Carlos (orgs.). *Adinkra: sabedoria em símbolos africanos*. Rio de Janeiro: Pallas, 2000.

NOGUEIRA, Renato. "Ensino de filosofia, história da África e cultura afro-brasileira: uma crítica ao epistemicídio através da pluriversalidade". In MORAES, Francisco de; MEDEIROS, Nelma; HUSSAK, Pedro. (orgs.) *Filosofia na escola: desafios e impasses*. Seropédica: Editora da UFRRJ, 2013, pp.53-63.

OBENGA, Théophile. "Thales of Miletus *vs.* Egypt" [Tales de Mileto *vs* Egito]. In ASANTE, M. K.; MAZAMA, Ama (orgs.). *Egypt vs. Greece and the American academy* [Egito *vs*. Grécia e a academia estadunidense] Chicago: African American Images, 2002, pp. 165-176.

FILOSOFIAS AFRICANAS: UMA INTRODUÇÃO

_____. *L'Afrique dans l'Antiquité: Egypte pharaonique, Afrique Noire* [A África na Antiguidade: Egito faraônico, África negra]. Paris: Présence Africaine, 1973.

_____. *Les Bantu: Langues, peuples, civilisations* [Os Bantos: língua, povos, civilizações]. Paris/Dakar: Présence Africaine, 1985.

OLO MIBUY, Anacleto. "La visión específica del mundo de los Bantú" [A visão específica de mundo dos Bantos]. In *Muntu*, nº 6, CICIBA, 1987, pp. 209-216.

PÂQUES, Viviane. *Les Bambara* [Os Bambara]. Paris: PUF,1954.

SIMAS, Luiz Antonio. *Pedrinhas miudinhas: ensaios sobre ruas, aldeias e terreiros*. Rio de Janeiro: Mórula, 2013.

_____. *Pedrinhas miudinhas: ensaios sobre ruas, aldeias e terreiros*. Rio de Janeiro: Mórula, 2019.

_____; RUFINO, Luiz. *Fogo no mato: a ciência encantada das macumbas*. Rio de Janeiro: Mórula, 2018.

_____. *Flecha no tempo*. Rio de Janeiro: Mórula, 2019.

THOMAS, Louis-Vincent. "Un Système Philosophique Senegalais: la cosmologie des Diola" [Um sistema filosófico senegalês: a cosmologia dos Diola]. In *Présence Africaine* [Presença africana], nº 32-33. Paris, 1960.

VERGER, Pierre. *Artigos*, tomo I. São Paulo: Corrupio, 1992.

Este livro foi composto na tipografia Adobe Garamond Pro,
em corpo 12/16, e impresso em
papel off-white no Sistema Cameron da
Divisão Gráfica da Distribuidora Record.